교실 속
소프트웨어 교육

소프트웨어(SW) 수업이
낯선 교사들을 위한 공감 일기

교실 속 소프트웨어 교육

발행일   2019년 3월 13일

지은이   강동훈, 이수빈, 이유진
펴낸이   손 형 국
펴낸곳   (주)북랩
편집인   선일영   편집   오경진, 최예은, 최승헌, 김경무
디자인   이현수, 김민하, 한수희, 김윤주, 허지혜   제작   박기성, 황동현, 구성우, 정성배
마케팅   김회란, 박진관, 조하라
출판등록 2004. 12. 1(제2012-000051호)
주소   서울시 금천구 가산디지털 1로 168, 우림라이온스밸리 B동 B113, 114호
홈페이지 www.book.co.kr
전화번호 (02)2026-5777   팩스   (02)2026-5747

ISBN   979-11-6299-527-3 93370 (종이책)   979-11-6299-528-0 95370 (전자책)

이 도서의 국립중앙도서관 출판예정도서목록(CIP)은 서지정보유통지원시스템 홈페이지(http://seoji.nl.go.kr)와
국가자료공동목록시스템(http://www.nl.go.kr/kolisnet)에서 이용하실 수 있습니다.
(CIP제어번호: CIP2019008579)

(주)북랩 성공출판의 파트너

북랩 홈페이지와 패밀리 사이트에서 다양한 출판 솔루션을 만나 보세요!

홈페이지 book.co.kr   •   **블로그** blog.naver.com/essaybook   •   **원고모집** book@book.co.kr

교실 속 소프트웨어 교육

소프트웨어(SW) 수업이
낯선 교사들을 위한 공감 일기

강동훈·이수빈·이유진 지음

소프트웨어
SW 교육의
커리큘럼 수록

언플러그드 활동,
알고리즘, EPL,
피지컬 컴퓨팅

놀이와 게임을
통한
논리적 사고력과
문제해결능력

북랩 book Lab

| **알아두기** |

   이 책은 2019학년도부터 초등학교 실과 교육과정으로 편성되는 소프트웨어(SW) 교육에 대하여 누구나 손쉽게 이해하고 수업에 적용할 수 있도록 소프트웨어(SW) 교육이 처음인 선생님을 화자로 등장시켜 교단 일기 형식으로 서술한 책입니다.

   책의 구성은 일반적인 소프트웨어(SW) 교육의 커리큘럼과 동일하게 언플러그드 활동, 알고리즘, EPL, 피지컬 컴퓨팅과 정보통신 윤리교육의 각 내용을 초등학교 6학년의 1년 학사 일정에 접목해 교육과정에 활용하는 과정 및 방법을 보여주도록 하여 현직 교사들 또한 공감할 수 있도록 노력하였습니다.

   단계별 세부 내용은 다음과 같습니다.

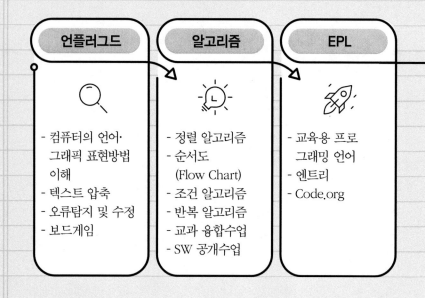

언플러그드	알고리즘	EPL

- 컴퓨터의 언어·
  그래픽 표현방법
  이해
- 텍스트 압축
- 오류탐지 및 수정
- 보드게임
	- 정렬 알고리즘
	- 순서도
	  (Flow Chart)
	- 조건 알고리즘
	- 반복 알고리즘
	- 교과 융합수업
	- SW 공개수업
		- 교육용 프로
		  그래밍 언어
		- 엔트리
		- Code.org

각 단원의 마지막에는 본문에 제시된 다양한 소프트웨어(SW) 교육 개념을 이해하는 데 도움을 주는 SW이론과 본문 속 수업에 제시했던 내용으로 실제 소프트웨어(SW) 교육을 해보고자 하는 독자들이 활용할 수 있도록 기초, 심화 형태의 학습지를 제공하였습니다.

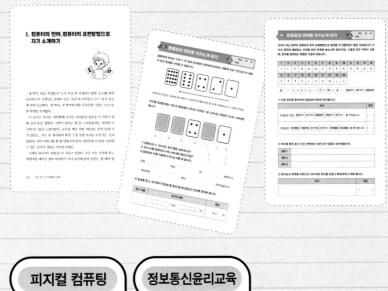

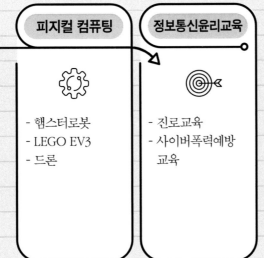

피지컬 컴퓨팅

- 햄스터로봇
- LEGO EV3
- 드론

정보통신윤리교육

- 진로교육
- 사이버폭력예방
  교육

| 차례 |

2학기

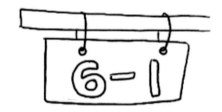

초등교사에게 일 년의 끝은 새해의 카운트다운이 아닌 아이들과의 헤어짐을 맞는 종업식, 졸업식이다. 교직 경력 15년의 베테랑 교사인 이 교사에게도 아이들과의 마지막 날은 늘 시원섭섭한 날이라는 표현이 꼭 맞을 것이다. 아이들이 다 떠나고 난 뒤 교실을 정리하며 빈자리들을 돌아보았다. 아이들은 '이제 마지막이다.'라는 아쉬움보다는 당장 빨리 하교를 한다는 것을 더 기뻐했다. 아이들의 급한 마음을 나타내듯 교실 곳곳에서 실내화, 연필 몇 자루, 리코더 같은 것들이 보였다. 그렇게 1년간의 추억이 담긴 교실을 다른 선생님과 아이들에게 물려주어야 했다. 올해는 4학년을 맡아 아이들도 이 교사를 잘 따랐기에 큰 사고 없이 한 해가 지나갔지만 새롭게 옮긴 학교라 아직 조금 낯설기도 하다. 매년 느끼는 아쉬움을 뒤로 하고 다음 사람을 위해 교실 바닥의 먼지와 창틀의 때를 닦아 내며 정리에 한창이었다.

그러던 중 어느새 추위와 함께 허기가 찾아왔다. 시계를 보니 12시 40분을 넘어서고 있었다. 평소였으면 이미 아이들과 함께 한창 급식소에서 밥을 먹고 있을 시간이었다. 종업식이라 급식도 쉬워서 아마 인근 패밀리 레스토랑은 학부모와 아이들로 가득 차 있을 것이다. 몇몇 선생님들께서는 다른 학교로 전근을 준비하며 짐을 싸느라 더욱 분주하게 움직이는 모습이 보였다.

어디 나가서 점심을 먹기도 여의치 않아 연구실에 요깃거리 할 만한 것이 없는지 가보았다. 다른 선생님들도 허기가 졌는지 하나둘 연구실로 모이기 시작했다. 점심은 어떻게 할 건지 물어보니 대부분 간단히 배달 음식을 먹자고 하였다. 그렇게 의견을 모아 근처 중국집에서 중국 음식을 시켜 먹기로 하였다. 주문을 하고 1년간 있었던 일에 대해 이야기하며 지나간 일을 되새겼다. 얼마 지나지 않아 운동장을 가르는 오토바이의 '부르릉' 소리가 들렸다. 그러자 마치 약속이라도 한 듯 각자가 신문지를 펴고, 종이컵을 가져오고, 음식을 차려놓았다. 그래도 여럿이서 둘러앉아 먹으니 제법 거한 상이 되었다. 학교에서 이렇게 외부 음식을 먹는 게 쉽지 않은 일이라 좋은 기분으로 다들 한 젓가락씩 들었다. 먹음직스럽게 짜장면이 비벼졌고 바삭한 탕수육을 소스에 찍어 먹었다. 어느새 그릇들이 비워지며 배가 불러왔다. 배가 부르니 2월의 추위도 어느 정도 가시는 듯했다. 어느덧 네댓 명의 선생님들은 누가 먼저라 할 것 없이 주섬주섬 빈 그릇을 모아 신문지에 싸고 1층 정문 현관에 내어놓으러 나갔다. 그 사이 이 교사는 강 교사와 함께 테이블을 닦고 커피포트에 물을 끓였다.

강 교사: 선생님, 커피 냄새가 정말 좋네요.

이 교사: 이렇게 이 연구실에서 커피 마시는 날도 얼마 남지 않

	왔네요. 선생님들께서 다른 학교로 옮기실 테니 아쉬움이 큰 거 같아요. 그나저나 강 선생님은 다른 학교로 안 옮기시죠?
강 교사:	네, 저는 올해도 남아있을 것 같아요. 이 선생님께서도 안 옮기신다고 들었는데 몇 학년 하실 생각이세요?
이 교사:	뭐 제가 하고 싶다고 원하는 학년이 될까요? 올해 4학년을 했으니 한 번 더 해보면 개인적으로 조금 더 발전된 수업을 할 수 있을 것 같아요. 교육과정 분석도 이미 한번 해봤고 하니 4학년을 계속하고 싶은데… 4학년이 워낙에 인기가 많은 학년이잖아요?
강 교사:	그렇죠. 4학년이 선생님들 사이에서 인기가 많죠.
이 교사:	강 선생님은 몇 학년 하실 생각이세요? 올해도 전담을 하실 거예요?
강 교사:	아니요. 전담이 편하긴 한데 2년 연속으로 하니 뭔가 우리 반이 없는 것 같고, 아이들도 한 번 졸업시켜 보고 싶고 해서 6학년 써 보려고요.
이 교사:	의외네요. 6학년을 쓰신다니… 요즘 6학년과 관련된 사건, 사고들이 워낙 이슈잖아요.
강 교사:	네. 그렇긴 한데. 6학년 아이들은 학기 초에 생활지도와 학습훈련을 반복해서 습관을 확실하게 익혀두면 제가 도전하고 싶은 새로운 교육을 많이 해볼 수 있을 것 같아서요.
이 교사:	맞아요. 확실히 잘 교육된 고학년들은 저학년들에 비해 결과물이 참 좋게 나오죠.
강 교사:	선생님께서도 6학년이 너무 싫지만 않으시면 저랑 같

이 동학년 하시죠! 선생님께서 부장님으로 와주신다면 엄청 든든하고 즐거울 것 같아요.

이 교사: 제가 6학년이요? 그런데 이제 교육과정도 바뀌고 해서 조금은 부담스럽긴 해요. 그리고 요즘 소프트웨어(SW) 교육이 화두인데 제가 워낙 컴맹이고 기계치라 아이들에게 제대로 못 가르칠까 걱정이 많네요.

강 교사: 선생님께선 경력도 저보다 훨씬 많으시고 하니 바뀐 교육과정 정도는 금방 익숙해지실 거고 소프트웨어(SW) 교육도 굳이 컴퓨터를 사용하지 않아도 충분히 가능합니다!

이 교사: 소프트웨어(SW) 교육이라 하면 컴퓨터나 로봇 같은 교구를 이용해야 하는 거잖아요? 안 그래도 저희 남편이 이번 겨울 방학에 소프트웨어(SW) 연수를 들었는데 거의 드론, 오조봇 이런 작은 로봇이나 기계를 이용했다고 하더라고요.

강 교사: 물론 그렇게 작은 로봇들을 이용하는 것도 소프트웨어(SW) 교육의 한 방법입니다. 하지만 일반 수업시간에 사용할 수 있는 수업 콘텐츠도 엄청 많이 있고, 창의적 체험활동 시간에 할 만한 활동도 많이 있어요.

이 교사: 그래요? 그런 건 몰랐네요.

강 교사: 네, 그러니 선생님, 걱정 마시고 같이 6학년 1년 하시면 좋겠습니다.

이렇게 대화가 마무리되어 갈 무렵 다른 선생님들이 손을 씻고 커피를 한잔 하기 위해 연구실로 들어왔다. 아직 2월이라 그런지 찬바람이 제법 들어왔다. 자연스레 학교를 옮기는 선생님들의 안부와 옮기고도 자주 연락하자는 이런 이야기들이 오고 갔다. 이런 대화 속에서도 이 교사의 머릿속에는 내년 학년에 대한 고민이 맴돌았다.

봄방학을 맞이하는 것과 동시에 이 교사는 '요즘 봄방학은 너무나 짧다.'라는 생각이 들었다. 그리고 봄방학은 쉬기는커녕 다음 학년도 교육과정 편성에 바쁜 나날의 연속이라 "그래도 방학이 있는 게 어디냐." 하는 회사원 친구들의 말에 섭섭한 마음이 들기도 한다. 다행히 교실 정리는 지난 며칠간 출근을 하여 마무리되었고, 이제 학년, 반이 결정되면 짐만 옮기면 되었다. 그렇게 짧은 휴식을 즐기고 있을 때였다. '딩동' 휴대폰이 울렸다. 교감 선생님의 문자 메시지였다.

'업무 메일로 학년희망서와 업무분장 희망서 보냈습니다.
확인하시고 이번 주 목요일까지 답장 주세요.'

고민의 시작이었다. 몇 학년을 쓸지, 어떤 업무를 희망할지 이 며칠간의 고민에 따라 1년을 어떻게 보낼지 어느 정도 윤곽이 잡힌다. 물론 4학년을 1지망에 쓰겠지만 며칠 전의 강 교사의 제안도 나쁘지 않아 솔깃했다. 하지만 사춘기 아이들과의 기 싸움, 늦은 하교 시간과 그로 인해 덩달아 줄어드는 교재연구 시간, 다양한 교과 수업 준비에 대한 부담감 등 망설임의 이유들이 너무 크게 다가왔다. 여기에 아예 처음 해보는 소프트웨어(SW) 교육까지 도입된다고 한다. 물론 더 나이가 들면 이런 고민들이 더 커져 6학년을 하기 점점 더 힘들어질 것 같고, 6학년 담임교사만이 느낄 수 있는 보람도 있었다. 이 교사가 신규 교사일 때 함께한 6학년 아이들과는 추억이 많이 쌓여 종종 연락할 만큼 보람 있고 매력적인 학년이었던 것이다. 남편에게도 이 고민을 이야기해보았다. '남편 유 교사'도 같은 지역에 근무하고 있는 초등 교사였다. 남편은 5, 6학년 담임, 과학 전담 등 이 교사와는 다르게 고학년과 전담 위주로 맡아왔다. 아무래도 교직에 흔치 않은 남자 교사로서 맡은 업무도 많고, 드센 고학년 아이들에게는 카리스마 있는 남교사가 필요한 탓이었다.

남편 유 교사: 맞아. 당신도 알겠지만 6학년이 재미는 확실히 있을 수 있지. 그런데 그만큼 어려울 수도 있고, 사고가 일어나면 저학년에 비해 스케일이 더 크긴 하지.

이 교사: 그렇지. 그런데 나중 되면 더 하기 힘들 것 같아. 그리고 현실적으로 지금 있는 학교가 집에서 너무 멀어서 옮겨야 할 거 같은데 이동 점수를 얻는 게 좋을 것 같기도 하고.

남편 유 교사: 물론 나는 당신이 몸 편하고 스트레스 안 받는 게 좋지만, 하고 싶다는 생각이 들면 한 번 해보는 것도 좋을 것 같아. 당신도 아직 첫해 제자들이랑 가끔 연락하잖아? 확실히 보람 있는 학년이기는 해.

이 교사: 아무래도 2지망 정도에 6학년을 넣을까 봐. 1지망은 4학년 넣고. 작년에도 4학년 해서 올해도 4학년을 주실지는 조금 의문이지만 말이야.

남편 유 교사: 그래. 당신은 또 역할이 주어지면 잘해 나갈 거니까. 너무 걱정하지는 않아.

이렇게 이 교사는 교감 선생님께 1지망-4학년, 2지망-6학년, 3지망-3학년을 적어 메일을 회신했다. 업무 희망도 작년에 했던 업무를 그대로 희망했다. 고학년 학생들과 학급 운영을 해보고 싶다는 마음이 없지는 않지만, 변화와 새로움에 적응할 용기가 선뜻 나지 않은 탓이다. 그렇게 업무 메일로 희망서를 보내고 하루 뒤 교감 선생님으로부터 전화가 왔다.

정 교감: 여보세요. 이 선생님, 잠시 통화 가능할까요?
이 교사: 네, 교감 선생님. 잘 지내고 계시죠?
정 교감: 저는 잘 지내고 있어요. 다름이 아니라 올해 학년 희망서 때문에 전화를 드렸습니다. 부담되시겠지만 올해 6학년에 주무 괜찮으시겠습니까?
이 교사: 6학년 주무요? 솔직히 조금 부담스럽긴 한데……. 제가 잘할 수 있을지가 걱정되네요.
정 교감: 이 선생님이시라면 아마 잘 해내실 겁니다. 그리고 동학년에도 젊은 선생님들이 많이 있으시니 재미있게 하실 수 있으실 거예요.

이 교사는 선뜻 대답하기 힘들었다. 과연 내가 정말 잘해낼 수 있을까…. 짧은 망설임의 시간 동안 교감 선생님의 격려와 강 교사의 제안, 남편 유 교사의 조언 등이 떠올랐다. 한 번쯤은 용기를 내어 도전해 볼 만 했다. 앞으로의 교직 경력을 변화 없이 이대로만 보낼 수도 없는 노릇이기 때문이다. 그리고 경력이 쌓였다고 해서 편하고 해왔던 일만 하고 싶진 않았다. 다행히도 업무 부장이 아닌 학년 주무 역할이기 때문에 부담을 조금은 덜었다.

이 교사 :   그렇다면 한 번 해보겠습니다.

전 직원 출근날이 되었다. 오늘이면 학년 배정과 업무 분장이 발표된다. 어느 정도 학년 구성이 예상되었지만 그래도 공식적으로 발표되기 전까지는 모르는 법이었다. 이 교사는 예상대로 6학년이 되었다. 동학년 선생님들은 모두 이 교사보다 어리고 경력도 5년 미만의 교사들이었다. 아마 6학년이라 교장, 교감 선생님께서 열정적인 젊은 선생님들로 꾸려주신 듯하였다. 자연스레 이 교사는 6학년 1반과 주무 업무를 맡게 되었다. 어느 정도 예상한 것이라 그리 놀라거나 의외이지는 않았다. 종업식 날 소프트웨어(SW) 수업에 대해 고민했던 강 교사도 같은 학년이 되었다. 그렇게 학년 소개와 업무 분장 발표, 새롭게 전근 오신 선생님들 소개를 마치고 개학 첫째 주간 일정을 전달받았다. 그 외에 학교와 학년이 바뀌면서 변경할 것들을 확인하였다. 예를 들어 교내 메신저의 재편성 및 내선전화번호, 각 학년의 위치 등이 그것이었다. 그렇게 짧은 첫 회의를 끝내고 개학을 준비하기 위해 각자의 교실로 이동하였다.

6학년 교실은 본관 2층의 서편 끝이었다. 작년에 쓰던 4학년 교실과는 거리가 얼마 떨어지지 않아 생각보다 쉽게 짐을 옮길 수 있었다. 그래도 학기 말이 다가올 때 사용하지 않을 것들은 어느 정도 싸 놓길 잘했다는 생각을 하였다. 그렇게 해야 다음에 오시는 선생님께서도 마음 편히 짐을 정리하고 옮길 수 있으니 교실을 빠르고 깨끗하게 비워주는 것도 교사들 사이의 매너이자, 예의였다. 새로 옮긴 교실은 6학년 교실답게 책걸상의 높이도 확연히 높았다. 큰 짐들부터 풀기 시작했다. 각종 업무 관련 서류, 사무용품, 학습준비물이 오기 전 사용할 도화지나 미술 도구들, 준비물 바구니 등 한 해 동안 유용하게 사용될 물건들이었다. 차곡차곡 짐 정리를 하다 보니 오전 시간이 훌쩍 지나있었다.

간단히 점심을 먹기 위해 학교 밖으로 이동하였다. 보통 첫 전 직원 출근날은 점심급식이 이루어지지 않기 때문에 학교 밖에서 단체로 식사를 한다.

어김없이 학교 앞 김치찌개 집이 회식 장소였다. 전 교직원들이 부담 없이 모이기에는 이만한 장소도 이 근방에서는 찾기 어려웠다. 6학년은 4개 반이라 한 테이블에 다 같이 앉아서 따뜻한 국물에 밥을 먹었다. 6학년 1반에는 주무 업무를 하게 된 이 교사, 2반은 작년에 이어서 2년 연속으로 6학년을 하는 박 교사, 3반은 5학년 때 아이들이 좋아서 2년 연속으로 달고 올라온 서 교사, 그리고 4반은 정보부장 업무를 맡은 강 교사가 있었다.

김치찌개에는 먹음직스러운 삼겹살이 듬성듬성 제법 많이 들어 있었다. 어느 정도 배를 채우고 라면 사리를 주문하였다. 라면이 익는 동안 같은 층에서 동고동락할 동학년 선생님들과 이야기를 나누었다. 모두들 젊고 밝은 에너지가 넘치는 선생님들이었다. 다들 이야기를 들어보니 6학년을 1지망으로 지원했다고 하였다.

1반 이 교사: 선생님들은 왜 모두 6학년을 1지망에 쓰신 거예요? 저는 아무래도 망설여지던데 다들 대단하시네요.

2반 박 교사: 저는 따로 별생각이 있었다기보다 작년에 첫 학년이 6학년이었는데 아이들과 재미있게 지낸 추억이 좋아서 올해도 한 번 더 하려고요.

4반 강 교사: 6학년 아이들이 한 번 사고를 치면 저학년들보다 스케일이 크고 골치 아플 때도 있지만 그 아이들과도 소통하고 이야기하면 그렇게 나쁜 아이들은 없더라고요.

1반 이 교사: 맞아요. 선생님을 이해해 주기도 하고, 실제로 많은 도움도 받을 수 있죠. 늘 느끼지만 6학년이 없으면 아마 학교 행사는 제대로 이루어지지 않을 거예요.

3반 서 교사: 저는 작년 5학년 아이들과 마음이 너무 잘 맞아서 학급 운영이 너무 재미있었거든요. 이 아이들의 초등학교 마지막을 함께 맞이하고 싶어서 6학년 담임까지 희망하긴 했는데, 사실 조금은 부담이 돼요. 뭔가 아이들에게 새로운 콘텐츠 같은 걸 잘 제시할 수 있을까 싶기도 하고……. 마치 아이들이 "선생님! 이건 작년에 했던 거잖아요!"라고 말할 것 같은 느낌도 나고요.

4반 강 교사: 아무래도 그럴 것 같네요. 그리고 6학년이면 뭔가 애 어른 같은 느낌이 있어서 웬만한 것들에 대해선 흥미를 느끼지도 않잖아요?

2반 박 교사: 네. 확실히 아이들을 확 몰입하게 한다는 게 힘든 것 같아요. 그래도 한 번 몰입하면 결과물도 좋고, 집중력도 뛰어나더라고요.

3반 서 교사: 요즘 아이들은 학원에서도 이미 교과 내용을 거의 다 숙지하고 오기 때문에 더 그런 것 같아요.

4반 강 교사: 그래서 저는 올해에는 조금 다양하게 해보려고 계획은 하고 있어요. 예를 들어 자기소개나 선생님 소개도 그냥 하는 게 아니라 퀴즈 같은 걸 제시해서 흥미를 갖게 하려고요.

1반 이 교사: 오! 그래요? 그런 것들이 있으면 아이들이 좋아하고 흥미로워하겠네요. 어떻게 할 생각이세요?

4반 강 교사: 요즘 '4차 산업시대다.' '소프트웨어(SW) 교육이 중요하다.'는 말이 계속 나오잖아요. 실제로 소프트웨어(SW)

교육이 교과에 도입도 되었고, 교육부에서도 연간 17시간 이상 수업하라는 지침도 있죠. 교사 연수도 많이 늘었고 실제로 연수받으신 분들도 점점 많아지고요.

2반 박 교사: 저도 작년에 원격으로 소프트웨어(SW) 기초, 심화 연수를 받기는 했어요.

4반 강 교사: 그래서 저도 처음에는 소프트웨어(SW)교육이 컴퓨터나 작은 로봇들을 활용해야 하는 줄 알았는데 그렇지 않은 방식들도 많이 있더라고요. 그래서 1학기에는 학습지나 놀이할 수 있는 자료에 소프트웨어(SW) 교육을 접목해서 하려고요.

3반 서 교사: 소프트웨어(SW) 교육은 막연히 '컴퓨터를 사용해야 한다.'라고 알았는데 꼭 그렇지만은 않나 보네요.

4반 강 교사: 네, 그런 활동을 〈언플러그드 활동〉이라고 해요. 말 그대로 플러그를 꽂아 두지 않고 전기 없이 할 수 있는 활동이라는 의미인데 컴퓨터 없이 활동이나 게임 등을 통해 컴퓨터 과학의 원리를 학습하거나 컴퓨팅 사고력을 키울 수 있는 활동이고 특정 하드웨어 또는 소프트웨어에 의존하지 않기 때문에 어느 시기에나 사용할 수 있어요.

3반 서 교사: 그렇다면 선생님이 생각하시는 언플러그드 활동의 장점은 무엇인가요?

4반 강 교사: 언플러그드 활동은 흥미, 이해, 저비용의 관점에서 탁월한 것 같아요. 첫째, 학생들은 놀이를 통해 컴퓨터 과학에 대해 재미있게 학습하고, 컴퓨팅 사고력을 신장할 수 있어요. 그리고 수업에 높은 몰입과 관심을 보이며 참여하더라고요. 둘째, 직접 **체험을 통해 학습해** 학생들이 쉽게 이해하고 기억에 오래 남더라고요. 마지막으로, **특별한 기기가 필요 없기 때문에 저비용으로 학습**할 수 있다는 것이 좋은 것 같아요.

1반 이 교사: 좋은데요? 혹시 자료 좀 받을 수 있을까요? 안 그래도 첫날을 어떻게 해야 하나 고민 중이었거든요.

4반 강 교사: 필요하시다면 얼마든지 드릴 수 있죠. 나중에 학교 들어가면 메신저로 바로 보내드릴게요.

1, 2, 3반 교사: 와! 감사합니다.

점심 식사 후 양치를 하고 교실로 돌아왔다. 점심을 먹고 나니 몸도 무겁고 피곤하였지만, 부지런히 움직이지 않으면 퇴근 시간을 넘길 터였다. 아직 신학기도 시작하지 않았는데 퇴근 시간을 넘길 수 없기에 이 교사는 바쁘게 교실 청소와 마무리 정리를 했다. 청소를 하다 잠깐 컴퓨터를 확인하니 강 교사가 이미 새 학기에 쓸 자료들을 보내주었다. 〈컴퓨터의 언어_자기소개〉, 〈이미지 표현_친교 활동〉, 〈텍스트 압축_모둠 활동〉 등 자료의 이름만으로는 어떤 활동일지 바로 감이 오지는 않았다. 오늘은 교실 정리만으로도 벅차므로 활동지 내용들은 조금씩 알아보기로 하고 일주일 뒤 개학을 위해 교실 정리를 마무리해갔다.

소프트웨어(SW) 교육이란?

☐ 소프트웨어(SW) 교육을 왜 추진하게 되었을까?

'제4차 산업혁명'이라는 용어는 2016년 1월 세계 경제 포럼(WEF: World Economic Forum)에서 최대 화두가 되었으며 앞으로 우리 사회는 제3차 산업혁명에서 더 진화한 최첨단 정보통신 기술이 사회·경제 전반 모든 부분에 융합되어 활용될 것을 예고하였습니다. 4차 산업혁명은 초연결(hyperconnectivity)과 초지능(superintelligence)을 특징으로 하고 인공 지능(AI), 사물 인터넷(IoT), 클라우드 컴퓨팅, 빅데이터, 모바일 등 지능정보기술이 기존 산업과 서비스에 융합되거나 3D 프린팅, 로봇공학, 생명공학, 나노기술 등 여러 분야의 신기술과 결합되어 실세계 모든 제품·서비스를 네트워크로 연결하고 사물을 지능화할 것으로 예견하였습니다. 정부는 급변하는 세계 교육의 흐름에 맞추어 미래 사회에서 요구되는 컴퓨팅 사고력을 지닌 인재를 양성하기 위한 목적으로 2014년 7월 소프트웨어(SW) 중심 사회 실현 전략 보고회를 개최하여 초·중등학교 소프트웨어(SW) 교육 강화 방안을 발표하였습니다.

☐ 소프트웨어(SW) 교육은 어떻게 진행되고 있을까?

2014년 9월 문·이과 통합형 교육과정 총론 주요 사항을 발표하였습니다.
2015년 2월 교육부에서 소프트웨어(SW) 연구학교(교육부 주관)와 소프트웨어(SW) 교육 선도학교(미래부 주관) 및 희망학교에서 '2015 개정 교육과정'이 적용되기 전까지 소프트웨어(SW) 교육을 실시하기 위한 목표, 내용, 방법, 평가에 관한 안내 사항을 소프트웨어(SW) 교육 운영 지침으로 보급하였습니다.
2015년 7월 소프트웨어(SW) 중심 사회를 위한 인재 양성 추진 계획을 발표하였습니다.
2015년 9월 초·중등학교 2015 개정 교육과정을 고시하였습니다.
2018년부터 단계적으로 초, 중, 고등학교의 교육과정에 적용하여 초등은 5, 6학년 실과 교과에서 2019년부터 총 17시간 이상, 중학교에서는 정보 교과가 필수 교과로 전환되어 2018년부터 총 34시간 이상 적용하고 있습니다.

□ 2015 교육과정 개정에 따른 소프트웨어(SW)교육의 내용과 특징

- 소프트웨어(SW)의 이해, 놀이와 게임을 통한 논리적 사고력과 문제해결능력, 기초적인
  프로그램 설계능력 중시

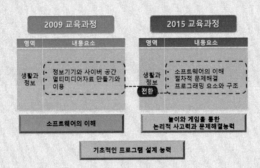

- 기존의 ICT 활용 중심의 정보 내용을 '소프트웨어(SW) 기초소양' 중심으로 내용 전환

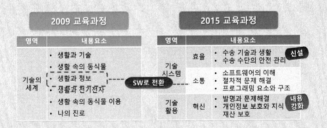

- 놀이 활동, 소프트웨어(SW) Tool 중심으로 신나고 재미있는 소프트웨어(SW) 교육 도입

※ 출처: 교육부(2018년)

1학기

1. 컴퓨터의 언어_컴퓨터의 표현방법으로 자기소개하기

　새 학기 첫날, 학생들이 '누가 우리 반 선생님이 될까' 궁금해 하며 등교하듯이 선생님도 20명이 넘는 우리 반 아이들은 누가 될지 궁금해 하며 등교한다. 새 학년, 새 학기에 대한 궁금증과 걱정은 교사 또한 학생들 못지않다.

　이 교사는 아직은 명단밖에 모르는 아이들의 얼굴을 마주하기 위해 교실 문을 열었다. 신학기 준비로 몇 번 드나들었지만, 여전히 익숙하지는 않은 느낌이었다. 교사용 책상 주변 서랍장도 뭔가 손에 익지 않았고, 교실 뒤 게시판의 환경 구성 또한 아직은 아무것도 있지 않았다. 아마 이번 3월 한 달 내에 아이들의 작품들과 이 반을 나타낼 수 있는 갖가지 것들로 꾸며질 터였다.

　시계를 보니 8시 10분을 막 지나고 있었다. 조금 이른 시간에 출근하였지만 대여섯 명의 아이들이 이미 교실에 앉아 있었다. 뭘 해야 할지 모르는 아이들은 마치 남의 반에 온 아이인 양 손을 만지작거렸고 그나마 작년에 이어 같은 반이 된 아이들끼리 소곤거리며 이야기를 나누고 있었다.

아이들과 어색하지만 활기찬 인사를 하고 이 교사도 책상에 앉아 컴퓨터를 켰다. 오늘 하루 학사 일정이 어떻게 되는지 전체 회의를 통해 알고 있었지만, 교무 선생님의 메신저 쪽지를 보고 다시 확인하기 위해서였다. 이 쪽지를 보면 오늘 개학식이 운동장에서 하는지 방송으로 하는지 등을 파악하고 학생들에게 안내할 수 있었다.

발신: 교무
수신: 6-1, 6-2, 6-3, 6-4 외 30명

3월 2일 학사 일정

1. 개학식 - 9시, 반별 방송(교장 선생님 말씀, 새로 오신 선생님 소개)
2. 4교시 후 하교(점심 급식지도 후 학년별 하교)
3. 하교 일정 1~2학년 : 12시 40분 3~4학년 : 12시 50분 5~6학년 : 13시 00분
4. 지도사항 - …

아침 시간은 어찌나 빨리 지나가는지 주변 정리를 하고 학생 전달사항을 챙기니 대부분의 아이가 교실에 들어왔다. 아이들은 이 교사가 칠판에 미리 붙여놓은 자리 배치표를 보고 각자의 자리에 앉았다. 이름표를 보며 자리에 앉은 아이들의 얼굴을 외우다 보니 어느덧 개학식을 한다는 방송이 흘러나왔다. 곧이어 신학기의 의젓한 모습을 바란다는 내용의 교장 선생님 말씀과 새로운 선생님들에 대한 소개가 이어졌다. 아이들은 첫날 첫 시간이라 그런지 아주 조용히 경청하며 방송을 들었다. 신학기에 긴장되고 어색한 느낌은 6학년이 되어도 그대

로인 듯하였다. 하긴 벌써 열여섯 번째 신학기를 맞이하는 이 교사 본인도 살짝 그렇게 느꼈으니 초등학생 아이들의 마음을 이해 못 할 것도 아니었다.

개학식이 끝나고 비로소 6학년 1반의 첫 시간이 되었다. 이번에는 평범하게 PPT로 교사를 소개하고 한 명씩 자신을 소개하기보다는 강 교사가 보내 준 〈컴퓨터의 언어〉 자료를 활용하기로 하였다. **컴퓨터 언어의 기본인 이진수 원리를 이용하여 컴퓨터는 모든 언어를 '0'과 '1' 두 개의 숫자만으로 표현할 수 있다.**

이 교사: 여러분, 반가워요. 오늘은 여러분이 6학년이 되는 첫 날이에요. 우리가 처음 만나는 날이니만큼 자기소개를 해보려고 해요. 우리 모두 처음 봤는데 바로 소개하긴 쑥스러우니까 모둠별로 게임을 한번 해보고 자기소개를 할게요. 모둠별 바구니에 숫자 카드가 4장씩 있을 거예요. 그 카드들은 각 1, 2, 4, 8이 적혀있어요. 각 카드는 꼭 한 명당 한 장씩 들어야 하고 그 카드를 든 사람은 해당 숫자를 의미해요. TV를 보며 게임 방법을 확인해 봅시다.

숫자 카드 게임 방법

1. 각 모둠에는 1, 2, 4, 8이 적힌 4장의 숫자 카드가 있다.
2. 모둠원들은 각각 1장씩 카드를 들고 있다.
3. 카드가 뒷면인 경우에는 0, 앞면인 경우에는 눈의 수가 카드의 수이다.
4. 선생님이 말하는 숫자를 카드의 눈을 합하여 만든다.

아이들은 처음에는 쭈뼛쭈뼛하더니 어느새 모둠별로 숫자를 만들

어 나갔다. 0, 1, 2부터 15까지 이 교사가 말하는 숫자들을 재빨리 만들기 시작했고 곳곳에서 카드를 빨리 돌리라거나 돌리지 말라는 소리가 들려왔다.

이 교사: 자! 이제 그만~ 선생님이 보기엔 카드로 숫자를 만들면서 많이 친해진 것 같네요. 이제 조금 어렵게 나가볼게요. 여러분에게는 전구 카드가 한 장씩만 있어요. 각자 전구 카드를 가져갔나요? 여러분이 보다시피 전구 카드는 한쪽은 노란색, 한쪽은 회색으로 이루어져 있어요.

전구 카드 게임 방법

1. 각 모둠원은 전구 카드를 한 장씩 가지고 일렬로 선다.
2. 모둠원이 선 위치는 왼쪽부터 8, 4, 2, 1의 숫자를 뜻한다.
3. 노란 전구를 들면 모둠원이 선 위치의 숫자를 나타내고 회색 전구를 들면 0을 나타낸다.

처음에는 아이들이 헷갈렸지만 몇 번 연습하다 보니 금방 적응하였다. 사소한 실수들이 나왔지만, 모둠원들이 한 번씩 고쳐주곤 했다. 예를 들어 숫자 10을 나타내기 위해서는 다음과 같았다.

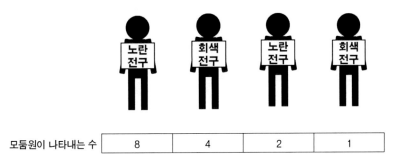

모둠원이 나타내는 수	8	4	2	1

이 교사: 이제 마지막으로 자기소개를 해볼게요. 그런데 이번에 자기소개하는 방법은 아까처럼 전구도 아니고 숫자 카드도 아니에요. 바로 컴퓨터가 되어서 자신을 소개해 볼 거예요. 여러분 컴퓨터가 아주 똑똑해 보이고 그래도 숫자를 0, 1밖에 몰라요. 헷갈린다면 노란 전구, 회색 전구 예를 생각해보아요.

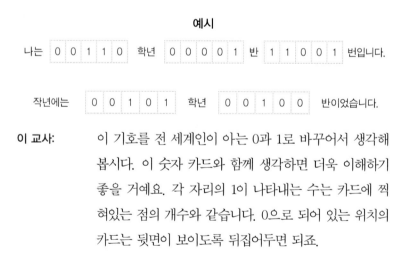

자기소개 방법

1. 자기소개하는 사람은 컴퓨터이기 때문에 컴퓨터 언어로만 이야기할 수 있다.
2. 컴퓨터는 두 가지 기호만 이해할 수 있다.
3. 모둠별로 어떤 기호가 좋을지 정해본다.
4. 모둠별 기호를 들어보고 하나의 통일된 기호를 약속한다.
5. 약속된 기호만으로 1부터 10까지 나타내 본다.
6. 충분히 연습한 후 자신의 현재 학년, 반, 번호 그리고 작년 학년, 반을 기호로 말해본다.
7. 듣는 사람은 소개자의 소개를 듣고 학년, 반, 번호를 맞춘다.

예시

나는 [0 0 1 1 0] 학년 [0 0 0 0 1] 반 [1 1 0 0 1] 번입니다.

작년에는 [0 0 1 0 1] 학년 [0 0 1 0 0] 반이었습니다.

이 교사: 이 기호를 전 세계인이 아는 0과 1로 바꾸어서 생각해 봅시다. 이 숫자 카드와 함께 생각하면 더욱 이해하기 좋을 거예요. 각 자리의 1이 나타내는 수는 카드에 찍혀있는 점의 개수와 같습니다. 0으로 되어 있는 위치의 카드는 뒷면이 보이도록 뒤집어두면 되죠.

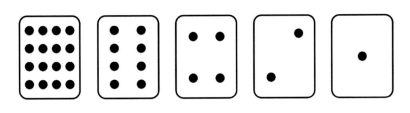

이 교사: 먼저 학년을 볼까요? | 0 | 0 | 1 | 1 | 0 | 이라고
되어 있으니 카드를 뒤집으면 이렇게 되겠지요? 그러니
학년은 4 + 2 = 6, 6학년이 되는 거지요!

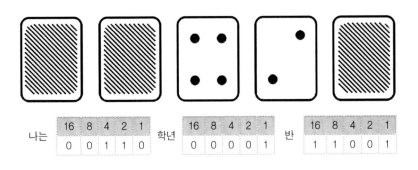

나는	16	8	4	2	1
	0	0	1	1	0

학년	16	8	4	2	1
	0	0	0	0	1

반	16	8	4	2	1
	1	1	0	0	1

번입니다.

이 교사: 같은 방법으로 반은 1이므로 1반, 번호는 16+8+1 = 25
이므로 25번입니다. 우리 반이 24명이므로 선생님 번호
는 25번이라고 했어요. 컴퓨터의 숫자는 한 자리씩 올
라갈 때마다 오른쪽에서부터 두 배씩 커지는 규칙이
있습니다. 이 규칙을 이용하면 어떤 숫자든 표현할 수
있어요. 그럼 이제 각자 나눠준 학습지에 자기를 소개
하는 암호문을 만들어 봅시다.

이 교사는 자기소개 학습지를 나누어 주었다. 대부분의 학생들이

잘 이해하였고 어려워하는 학생들에게는 작게 프린트한 숫자 카드를 이용해서 각 자릿수가 의미하는 수를 설명하였다. 그러자 학생들은 큰 어려움 없이 자신의 암호문을 만들어 나갔다. 어느새 짝이나 모둠 별로 자기소개문을 만들고 자기소개를 옆 친구에게 문제를 내듯이 내고 있었다. 자신의 인적사항이 담긴 숫자들이 0, 1로만 표현되니 신기한 모양이었다. 전체 발표에서도 학생들은 집중력 높은 모습을 보여주었다. 특히 새로운 방식으로 정보를 표현하며 자기소개를 하니 퀴즈를 풀듯이 친구의 소개를 흥미롭게 듣는 것 같아 뿌듯하였다.

어느새 활동이 끝나고 종이 울렸다. 첫 소프트웨어(SW) 수업을 한 이 교사는 생각보다 흥미 있어 하는 아이들의 모습에 소프트웨어(SW) 교육에 대한 자신감이 생겼다. 아이들도 뭔가 아쉬워하는 눈치였다. 그래서 이 교사는 이번 주 미술 시간에 컴퓨터의 데이터 처리 방식을 이용한 모자이크 이미지 표현을 하기로 하였다. 첫 수업을 통해 아이들이 서로에 대한 마음도 열고 소프트웨어(SW) 공부에 대한 관심이 생긴 것 같아 뿌듯했다.

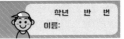

컴퓨터의 언어는 '0'과 '1' 두 개의 숫자로만 이루어져 있으며, 이렇게 '0'과 '1'만으로 이 세상의 모든 정보를 나타낼 수 있습니다.

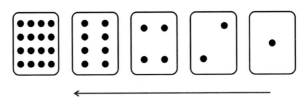

컴퓨터의 언어로 나타낼 때 자릿수는 오른쪽 끝에서부터 한 칸씩 이동할수록 두 배씩 커진다.

숫자를 표현할 때는 카드의 앞면(점이 보이는 부분)은 1로 나타내고 뒷면은 0으로 나타내면 됩니다.

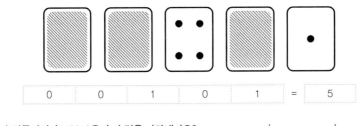

| 0 | 0 | 1 | 0 | 1 | = | 5 |

1) 컴퓨터의 수 10010은 숫자 몇을 나타내나요?   (   )
2) 숫자 24를 컴퓨터의 수로 나타내면 얼마인가요?   (   )
3) 컴퓨터의 수를 이용하여 자기소개를 해 봅시다.

나는 [ ][ ][ ][ ][ ] 학년 [ ][ ][ ][ ] 반 [ ][ ][ ][ ][ ] 번입니다.

작년에는 [ ][ ][ ][ ][ ] 학년 [ ][ ][ ][ ] 반이었습니다.

4) 발표를 듣고, 친구들이 작년에 몇 학년 몇 반이었는지 정보를 정리해 봅시다.

친구 이름	친구의 정보		정답	
	[ ][ ][ ][ ][ ] 학년 [ ][ ][ ][ ] 반		학년	반

숫자가 아닌 문자도 컴퓨터의 숫자 표현방법으로 표현할 수 있을까요? 물론 가능합니다! 각각의 문자에 해당하는 숫자를 미리 약속해 놓는다면 말이지요. 다음과 같은 약속이 있을 때, 문자를 표현하는 방법은 다음과 같습니다.

1	2	3	4	5	6	7	8	9	10	11	12	13	14
ㄱ	ㄴ	ㄷ	ㄹ	ㅁ	ㅂ	ㅅ	ㅇ	ㅈ	ㅊ	ㅋ	ㅌ	ㅍ	ㅎ

15	16	17	18	19	20	21	22	23	24
ㅏ	ㅑ	ㅓ	ㅕ	ㅗ	ㅛ	ㅜ	ㅠ	ㅡ	ㅣ

산 ⇒ ㅅ + ㅏ + ㄴ ⇒ 7 + 15 + 2 ⇒ 00111 01111 00010

1) 다음 퀴즈를 풀어보며 선생님에 대하여 알아봅시다.

퀴즈	정답
선생님은 오늘 00111 01111 00001 10011 01111 를 먹었습니다	( )
선생님은 01000 10010 01110 01111 11000 01000 을 좋아합니다	( )

2) 퀴즈를 빨리 풀 수 있는 전략에는 어떤 것이 있을지 생각해 봅시다.

전략 1	
전략 2	
전략 3	

3) 문자표와 전략을 바탕으로 나에 대한 퀴즈를 만들고 짝꿍에게 소개해 봅시다.

퀴즈	정답
	( )

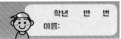
'픽셀 아트'에 대해 들어본 적 있나요? '픽셀'이란 컴퓨터의 화면을 구성하는 가장 작은 단위로 하나의 점을 나타냅니다. 컴퓨터 화면이 아주 작은 칸으로 이루어진 모눈종이라면 모눈종이의 작은 한 칸이 '픽셀'이고, 모눈을 한 칸씩 채워 그림으로 표현한 것이 '픽셀 아트'입니다.

다음은 픽셀 아트를 숫자로 표현한 것입니다. 어떤 규칙이 있는지 찾아봅시다.

								숫자
								1 2 3 2 1
								0 4 1 4
								0 9
								0 9
								1 7 1
								2 5 2
								3 3 3
								4 1 4

규칙 1	그림을 숫자로 나타낼 때는 ( )줄씩 표현한다.
규칙 2	제일 앞에 오는 숫자는 ( )의 수이다.
규칙 3	( )색 픽셀과 ( )색 픽셀의 수를 순서대로 번갈아가며 쓴다.

다음은 픽셀 아트를 숫자로 표현한 것입니다. 어떤 규칙이 있는지 찾아봅시다.

1) 다음 픽셀 아트를 숫자로 표현해 봅시다.

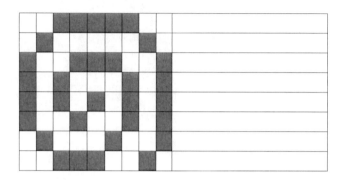

2) 주어진 숫자를 픽셀 아트로 표현하면 무엇이 나오는지 알아봅시다.

									3 3 3
									2 5 2
									3 3 3
									4 1 4
									0 9
									2 5 2
									2 5 2
									4 1 4

정답 : ___ ___ ___ ___

픽셀 아트로 컬러 그림을 그리려면 어떤 규칙을 추가해야 할까요? 다음 색상표를 이용하여 새로운 규칙을 추가해 봅시다.

색깔	검정	빨강	주황	노랑	초록	파랑
번호	0	1	2	3	4	5

규칙 4	픽셀의 색깔을 표현하고 싶을 때는 ( ) 다.

1) 다음 픽셀 아트를 숫자로 표현해 봅시다.

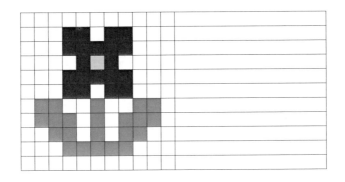

2) 내가 좋아하는 것을 픽셀 아트로 그린 후, 숫자로 표현해 봅시다.

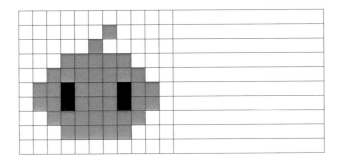

3) 짝꿍이 불러주는 숫자를 빈칸에 적은 후 친구가 좋아하는 것을 픽셀 아트로 그려 봅시다.

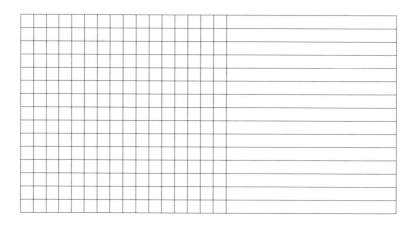

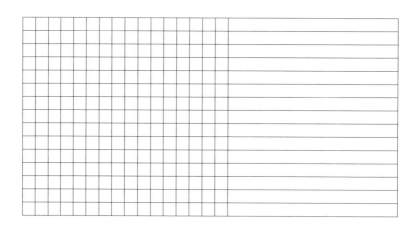

2. 텍스트 압축_반복되는 말 압축하기

가장 쉽고 힘이 많이 들어가는 건강장

금요일은 분명 심적으로는 기분 좋은 요일이지만 육체적으로 힘든 날이기도 하다. 신학기가 시작되고 정신없이 일주일이 지났다. 특히 6교시까지 학생들과 있으며 수업을 하는 건 생각보다 많은 체력을 요구했다. 점심 급식을 먹고 나오면서 이 교사는 아이들과 알림장을 쓰기 위해 교실로 바로 올라갔다. 평소 같았으면 연구실에서 양치도 하며 잠시 숨을 돌리고 교실로 향했겠지만, 금요일은 점심 시간에 알림장을 쓴다. 다른 평일에는 알림장을 6교시 마칠 때쯤 쓰기 시작하여 간단히 청소하고 하교를 하지만 금요일에는 일주일간 묵은 먼지를 쓸어내기 위해 청소시간을 늘리며 점심시간에 알림장을 쓰기로 학생들과 규칙을 정했다. 처음에는 많은 학생이 점심 시간이 줄어든다는 것에 대해 반대를 했지만 그렇지 않으면 하교 시간이 늦어질 수밖에 없으니 아이들은 곧 수긍하며 따랐다. 어른들이 퇴근 시간을 기다리듯이 아이들도 하교 시간만을 기다리는 건 어쩔 수 없나 보다. 오늘 5, 6교시는 각 모둠원끼리 협동하며 학급의 규칙을 정하는 활동을 준비했다.

아이들의 절반 정도가 예비종이 울리기 전에 교실에 들어와 있었다. 아직은 습관이 붙지 않아서 잊고 있는 아이들도 있을 터였다. 예비종이 울리고 알림장을 쓰기 시작했다. 금요일 알림장은 어느 정도 내용이 정해져 있었다.

알림장

1. 실내화 가져가서 씻어오기
2. 주말 동안 위험한 곳 가지 않기
3. 휴대폰 사용 시간 줄이기, 사이버 폭력하지 않기

이와 같은 내용은 어느 정도 정해져 있는 틀이다. 역시나 6년이라는 초등학교 생활을 겪은 아이들답게 알림장 내용을 써 주기도 전에 내용을 예상하고 점쟁이처럼 말하는 아이들도 있었다.

학생 1:   선생님! 실내화 가져가야 하고 휴대폰도 적게 쓸게요~ 다 아는 내용이니 줄여서 쓰면 안 돼요? 이렇게요.

---

1. 실.가.씻
2. 주.위.가X
3. 휴.시.↓,사.폭X

그러니 알림장 안 쓰면 안 돼요?

이 교사:	동훈아, 물론 6학년이라 다 알고 있는 내용이겠지만 이 알림장을 보실 부모님께서는 그렇게 쓴 걸 보면 이해 못 하실 것 같은데? 늘 조심하고 명심해야 하는 일이라 알림장에 쓰면서 다짐도 해야 하고.
학생 1:	아…. 알림장에도 줄임말로 쓰면 좋겠다.
이 교사:	그렇다면 부모님들도 다 이해하실 만한 규칙을 만들어서 써보면 어떨까? 무작정 줄이기보다는 어떤 내용인지 알 만한 것들로 말이야. 요즘은 너무 많은 줄임말이 나와서 무슨 말인지 잘 모르는 경우도 많으니까.
학생 2:	선생님 그러면 우리 반만의 규칙을 미리 정해요. 미리 정해놓으면 앞으로 부모님들도 다 알고 우리 반 모두가 통일해서 쓸 수 있을 것 같아요.
이 교사:	그렇긴 하겠네. 무작정 정하면 어렵기도 하고 모두가 공감하기 힘들 것 같으니 한 번 연습을 해보고 정하자. 대신에 일단 알림장부터 쓰고!
학생들:	아아아~

학생들이 알림장을 쓰고 서로 쓴 내용들을 확인하는 동안 이 교사는 〈텍스트 압축〉 학습지를 나누어 주었다. 곧바로 아무런 규칙 없이 무작정 말을 줄이기보다는 충분히 연습한 후에 모두가 공감하고 이해할 수 있도록 하기 위해서였다.

이 교사:	여러분, 모두 학습지를 받았죠? 이번에 배울 내용은 컴퓨터가 텍스트를 압축하는 방법이에요. 학습지를 풀면서 컴퓨터의 방법을 참고해서 우리 반만의 줄임말 규칙

을 만들어 봐요. 이 학습지에서는 '꼬부랑 할머니'라는 동요가 소개되어 있지요? 먼저 노래가사를 따라 써 볼까요?

> 꼬부랑 할머니가 꼬부랑 고갯길을
> 꼬부랑 꼬부랑 넘어가고 있네
> 꼬부랑 꼬부랑 꼬부랑 꼬부랑

학생 3: 어우~ 선생님~ 꼬부랑이 너무 많아요! 꼭 이렇게 따라 써야 해요?

이 교사: 잘 이야기했어요! 컴퓨터는 바로 이런 불편함을 해결하기 위해 텍스트를 압축하는 것이랍니다. 자, 우리도 한 번 해 볼게요. 노래 가사에 '꼬부랑'이라는 말이 계속 반복되고 있고 이 말을 기호로 바꾸려고 해요. 어떻게 바꾸면 될까요?

학생 3: 꼬불꼬불한 그림을 그려요.

학생 4: 물음표로 표시해요. 대신에 하나로 표시하면 일반 물음표와 헷갈리니까. '꼬부랑' 글자 수만큼 세 개로 표시해요. "???" 이렇게요.

이 교사: 좋아요. 재미있는 의견이 많이 나왔네요. 먼저 자신만의 글자로 나타내어 보고, 모둠원들과 합의해서 자기 모둠의 압축한 글자를 정해 봅시다.

　간단한 텍스트 압축 활동을 끝낸 후 학생들은 이제 실생활에 쓰일 텍스트를 압축하자고 했다. 학습지에서 푼 것처럼 반복되는 문자를 기호로 표현하는 방식과는 조금 달랐지만, 알림장에 매번 사용되는 표현들을 효율적으로 바꾼다는 측면에서 학생들이 압축의 필요성과 의미를 잘 이해한 것 같았다. 다양하고 재미있는 의견들이 많이 나왔고 최종적으로 결정된 내용은 다음과 같았다.

1) 주말 동안 실내화 가져가서 씻어오기 = 신풍덩
2) 화요일 남학생 일기 써오기 = 화남일기
3) 목요일 여학생 일기 써오기 = 목여일기

이렇게 일반적으로 반복되고 단순히 알리는 내용은 압축적으로 표시하고 주의사항이나 유의사항은 줄이지 않고 쓰기로 하였다. 이 교사는 학급의 규칙도 이렇게 학생의 눈높이와 취향에 맞추어 만들어 볼 수 있음을 느꼈고 생각만큼 무질서해지지는 않았다. 이 교사 본인부터 컴퓨터로 쓴 알림장 내용을 바꾸기 시작했다.

새롭게 바뀐 알림장

1. 신풍덩
2. 주말 동안 위험한 곳 가지 않기
3. 휴대폰 사용시간 줄이기, 사이버 폭력하지 않기

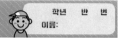

동요 '꼬부랑 할머니'를 알고 있나요? 다음 노래 가사를 따라 적어 봅시다.

> 꼬부랑 할머니가 꼬부랑 고갯길을
> 꼬부랑 꼬부랑 넘어가고 있네
> 꼬부랑 꼬부랑 꼬부랑 꼬부랑

불편한 점을 느꼈나요? 반복되는 단어가 많을수록 〈똑같은 글씨 쓰기〉라는 작업을 반복해야 합니다. 컴퓨터는 이러한 과정을 단축하기 위해 '데이터 압축'을 실행합니다.

※ 데이터 압축: 데이터의 반복되는 부분이나 불필요한 부분을 제거하여 데이터의 양을 줄이는 것

1) 데이터 압축을 위해 반복되는 말을 찾아 ○표시해 봅시다.

> 꼬부랑 할머니가 꼬부랑 고갯길을
> 꼬부랑 꼬부랑 넘어가고 있네
> 꼬부랑 꼬부랑 꼬부랑 꼬부랑

반복되는 말은 무엇입니까?
(   )

반복되는 말을 나타낼 수 있는 기호를 정해 봅시다.
(   )

2) 반복되는 낱말을 기호로 표시하여 가사를 다시 한 번 따라 적어 봅시다.

3) 컴퓨터가 데이터 압축을 하는 이유를 생각해 봅시다.
○ 압축하면 (ㅂㅂ)되는 부분을 계속 쓸 필요가 없어 빠르고 (ㅎㅇ)적이다.
○ 컴퓨터가 기억하는 데이터의 (ㄱㅇ)가 짧아져 필요한 (ㅇㄹ)이 줄어든다.

4) 데이터를 압축하는 다른 방법은 없을까요? 컴퓨터가 사용하는 언어가 무엇인지 생각하며 데이터를 압축하는 또 다른 방법을 찾아봅시다.

다음은 컴퓨터의 방식으로 텍스트를 압축하는 방법입니다.

(꼬부랑) 할머니가 (꼬부랑) 고갯길을

꼬부랑 할머니가 (꼬부랑) 고갯길을
1 2 3 4 5 6 7 (7 ,)

① 글에서 두 번 이상 반복되는 문자 또는 단어를 찾는다.

② 반복되는 단어 사이의 거리(글자 수)를 센다.

꼬부랑 할머니가 (꼬부랑) 고갯길을
1 2 3   (7 , 3)

꼬부랑 할머니가 (7, 3) 고갯길을

③ 반복되는 문자의 양(글자 수)을 숫자로 적는다.

④ 반복되는 단어를 해당하는 글자의 위치와 수로 대체하여 표시한다.

1) 다음 문장에서 반복되는 부분을 압축하여 적어 봅시다.

가을 하늘 맑은 하늘 ⇨

내가 좋아하는 치킨은
양념 치킨 ⇨

노란 병아리 귀여워
노란 오리 귀여워 ⇨

3. 오류탐지 및 수정_뒤집힌 카드 찾기

몇몇 아이들은 10분의 쉬는 시간을 위해 40분을 견뎌내는 것 같다. 10분의 쉬는 시간에 그 아이들은 그리 바쁠 수가 없다. 해야 할 것들이 너무나 많기 때문이다. 화장실도 가야 하고, 다음 수업 교과서도 챙겨야 하고, 친구들과 놀이도 해야 하니 10분이 짧아도 너무나 짧을 것이다. 그러니 매번 볼 때마다 뭐가 그리 바쁜지 뛰어다니기에 여념이 없다. 실내에서는 뛰지 말라고 늘 교육하지만 잘 듣지 않는 건 1학년이나 6학년이나 매한가지이다. 아마 머리로는 알고 있어도 몸이 근질근질해서 뛰지 않고서는 못 배기는 것 같았다.

쉬는 시간 아이들의 놀이는 어느 정도 유행을 따른다. 남학생, 여학생 구별 없이 공기놀이가 유행이었다가 어느 순간에는 딱지가 유행이 불기도 하고, 카드놀이나 팽이치기가 유행하기도 한다. 장난감의 모양만 조금씩 변화가 있을 뿐 이 교사의 어린 시절과 비교해서 크게 형식이나 규칙이 바뀌지는 않았다. 물론 새롭게 생긴 놀이도 있었다. 이런 놀이는 폭력성으로 크게 문제가 되거나 비싼 가격으로 위화감을 조성하지 않는 이상 어느 정도 담임 차원에서 용인해 주고 있었다. 그런데도 가끔은 너무 비싼 장난감이 필요한 놀이나 폭력적인 놀이들이 유행하기도 한다. 예를 들어 BB탄 총이나 요즘 문제가 되고 있는 초등학생들의 화장 같은 것들이 그것이다. 그래서 학교 차원에서 바람직한 학생들의 놀이 문화를 만들기 위해 반별로 학급비 명목의 예산을 주어 놀이 도구를 마련할 수 있도록 지원해주었다. 6학년에서는 학년 회의를 거쳐 교실에 보드게임 몇 가지를 구비하기로 했다. 아무래도 고학년이다 보니 제법 난이도 있는 보드게임도 충분히 해 나갈 수 있을 듯했다. 회의 결과 보드게임을 고르는 기준은 다음과 같이 정해졌다.

보드게임 고르는 기준

1. 남·여학생 모두 즐길 수 있는 것
2. 교육적 효과가 있는 것
3. 가능하면 소프트웨어(SW) 교육과 연관이 있는 것

1.의 기준은 점점 사춘기에 접어드는 학생들이 자칫 잘못하면 성별 간 갈등이 생길 수 있어서 고려하게 되었다. 그리고 단순 오락보다는 재미를 통해 지적능력을 향상하고 더 나아가 올해부터 새롭게 접하는 소프트웨어(SW) 교육을 조금 더 친근하게 느낄 수 있도록 컴퓨팅 사고력을 길렀으면 하는 바람에서 2., 3.의 기준을 추가하였다.

그렇게 구입한 보드게임들이 도착하였다. 이 교사의 반에서는 젠가, 스택버거, 러시아워, 엔트리봇 게임 등을 구입했다. 특히 젠가는 학생들에게 집중력 및 협응 능력을 신장시킬 수 있는 게임이었고 '아래층에서 나무 조각을 하나 빼서 위에 쌓는다.'라는 단순한 규칙으로도 즐길 수 있는 게임이었다. 보드게임이 도착하고 며칠 동안은 몇몇 아이들만 관심을 가지고 놀았지만, 어느새 거의 대다수의 아이가 쉬는 시간에 보드게임을 즐겼다. 당연한 일이지만 많은 학생이 즐기다 보니 문제가 생겼다. 점심시간 후 5교시를 시작할 때 한 학생이 불만을 토로했다.

학생 1: 선생님! 친구들이 젠가를 이용하고 제대로 정리를 안 해요!

학생 2: 맞아요. 놀고 나서는 마음대로 쌓아 놔서 다음 사람들이 하려면 또 원래대로 정리해야 해요.

이 교사: 정리하는 데 특별한 규칙이 있을까?

학생 1: 네! 있어요! 다른 보드게임들은 그냥 종류별로 통에 넣어두기만 하면 되는데 젠가는 통에 정리할 때도 규칙에 따라 정리해야 해요.

이 교사: 그래? 좀 더 구체적으로 말해볼래?

학생 1: 젠가는 층마다 나무 조각 3개가 한 층이 되는데요. 만일 1층에 가로 방향으로 한 층이 되면 2층은 세로 방향으로 한 층, 3층은 가로 방향… 이런 식으로 끝까지 쌓아야 해요.

이 교사: 그렇구나. 그럼 다른 친구들은 그 규칙대로 정리하지 않았던 거야?

학생 2:   네. 누가 정리했는지는 모르겠지만 연달아서 같은 방향으로 층을 쌓아서 다음 사람은 그 층부터 다시 쌓아야 해요. 그럼 시간도 낭비되고 뒤에 사람들이 불편을 겪어요.

이 교사: 알겠어. 그럼 젠가는 이렇게 각 층을 쌓아야 한다는 거지?

젠가의 층 쌓기 규칙

1. 한 층에는 나무 조각 3개를 연속으로 놓는다.
2. 층이 바뀔 때마다 나무 조각의 방향을 바꾼다.
3. 홀수 층과 짝수 층의 나무 조각의 방향은 서로 수직이 되어야 한다.

이 교사: 그럼 이렇게 쌓기만 하면 되는 거야?

학생 1:   흠… 놀이한 사람이 한 번 더 점검하면서 잘못된 곳이 있는지 확인까지 했으면 좋겠어요.

학생 2:   맞아요. 누구나 실수는 할 수 있으니까요.

이 교사: 잘못된 곳이 없는지 점검하면 더 확실할 수 있겠구나. 마치 수학 시험에서 검산하는 것처럼 말이야. 그럼 이번 시간에는 오류 점검을 위한 연습을 해 보자. 우리 반에 이번에 젠가 말고도 다양한 보드게임들이 새롭게 구해졌으니 정리하고 마지막으로 사용한 사람들이 점검하는 규칙도 정하고 말이야.

이 교사는 오류탐지를 위한 학습지를 나누어 주고 '바뀐 카드 찾기 마술'을 예로 들며 오류를 탐지하는 방식을 설명했다. 먼저 카드의 앞

뒷면을 무작위로 섞어 가로 5줄, 세로 3줄로 놓는다. 그런 후 '바뀐 카드 찾기 마술'을 위한 '준비'를 하게 된다. '준비'를 마치면 상대방이 카드를 몇 장 뒤집고, 무엇이 바뀌었는지 오류(바뀐 카드)를 찾아내는 방식이었다. 이 '준비'라는 것이 이 마술의 핵심인데, 오류 탐지가 문제없이 되기 위해서는 정확한 규칙을 파악하는 것이 가장 중요하다. 마치 첫 단추를 잘못 채우면 그 이후 옷을 입는데 문제가 생기는 것처럼 오류 탐지에서도 규칙을 파악하지 못하면 오류를 제대로 찾아낼 수 없다.

오류 탐지에 대한 학습이 끝난 후 모둠별로 보드게임에 대한 정리 방법 및 오류 탐지 도움말을 만드는 활동을 하였다. 예를 들어 젠가는 다음과 같았다.

젠가 정리 방법

1. 각 층에는 3개의 나무 조각이 연달아 오게 해야 한다.
2. 홀수 층과 짝수 층의 나무 조각의 방향은 서로 수직이 되어야 한다.
3. 다 쌓은 후 오류를 점검한다.

오류 점검 방법

1. 각 층이 3개의 나무 조각으로 이루어져 있는가?

2. 한쪽 면에서 보았을 때 각 층에

　□□□ 모양과 　□ 모양이 번갈아 나타나는가?

3. 젠가 통에 들어가도록 똑바로 된 모양인가?

〈앞에서 본 모습과 블록 수〉 〈옆에서 본 모습과 블록 수〉

활동이 끝난 후 각 보드게임에는 〈정리 방법〉과 〈오류 점검 방법〉에 대한 종이가 붙어 있었다. 각 게임에 대한 정리 규칙까지 만들자 보다 깔끔하게 보드게임들이 정리되었으며 학생들도 쉬는 시간에 놀이할 시간이 늘어난 것에 만족했다. 특히 이 교사가 인상 깊었던 것은 학생들 스스로 규칙을 만들어서인지 규칙을 다시 언급할 필요가 없었고 자체적으로 지키려는 노력을 많이 하는 것이었다.

컴퓨터는 과연 실수를 하나도 하지 않을까요? 컴퓨터도 오류를 낼 수 있기 때문에 이러한 오류를 탐지할 수 있는 방법을 정해 두었답니다. 다음 문제를 풀며 컴퓨터의 오류 탐지 기술을 알아봅시다.

1) 다음과 같이 카드가 가로 5장, 세로 3장으로 정렬되어 있습니다. 컴퓨터가 오류를 탐지하기 위해 오른쪽과 같이 ⬚ 안에 새로운 카드를 놓았습니다. 각 행과 열에서 카드 뒷면과 앞면의 수를 확인해 봅시다.

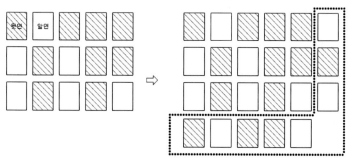

2) 컴퓨터는 어떤 규칙으로 새로운 카드를 내려놓았는지 적어 봅시다.

규칙	

3) 위의 그림을 가린 채 다음 카드를 살펴보고 처음과 달라진 부분(오류)을 찾아 봅시다.

컴퓨터가 오류 탐지를 위해 새로운 카드를 놓는 규칙은 '한 줄에 카드의 뒷면이 언제나 (   )이 되도록 한다.' 입니다. 규칙에 따라 카드의 수를 늘려가면서 뒤집힌 카드를 찾아봅시다.

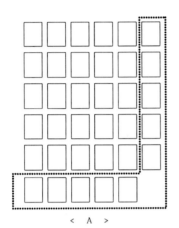

< A >

1) 오류탐지를 위한 규칙에 알맞게 〈   A   〉의 카드에 앞면과 뒷면을 표시해 봅시다.

(• 색칠한 곳이 뒷면)

2) 짝꿍과 학습지를 바꾸어 앞면으로 되어있는 2장의 카드를 골라 뒷면으로 바꾸어 색칠합니다.

3) 자신의 학습지를 돌려받아 짝꿍이 새로 칠한 바뀐 카드를 찾아냅니다.

4) 오류 탐지를 위한 새로운 규칙 또는 방법이 있는지 생각해 봅시다.

새로운 규칙	

5) 양면 색종이로 카드를 만들어 '뒤집힌 카드 찾기 마술'을 직접 해 봅시다.

4. 정렬 알고리즘_키순으로 오름차순 정렬하기

'체육 시간'이라는 말을 들으면 아이들은 어떻게 생각할까. 아마 수업시간 중 유일하게 노는 시간이라고 생각할 것이다. 아이들은 단순히 기능을 연습하는 수업이라도 교실 밖으로 나가는 것만으로 즐거워했다. 하긴 아이들은 실내에서도 뛰지 못해 안달이니 밖으로 나가 바깥의 공기를 맘껏 맡는 것만으로도 행복할 것이다. 일주일에 체육 시간은 2시간 있었는데 체육 시간이 너무 부족하다며 늘 투정인 아이들이었다. 마음껏 운동장 수업을 하면 좋겠지만 최근 몇 년간 봄에는 운동장 수업이 쉽지 않았다. 봄마다 찾아오는 미세먼지로 야외활동 자체가 제한되는 탓이었다. 운동장을 사용하지 못한다고 마음껏 강당을 사용할 수도 없는 노릇이었다. 이 교사가 근무하는 초등학교는 규모가 작지 않은 탓에 강당 사용 수업 시간과 운동장 수업 시간이 정해져 있기 때문이다. 그러니 막상 날씨가 좋아도 그 날이 운동장을 사용하는 차례가 아니면 다른 학년, 반이 사용하기 때문에 마음껏 운동장으로 나갈 수 없었다. 그래서 오늘처럼 체육이 들어있는 날이면 아침부터 아이들은 오늘 바깥에서 체육을 할 수 있는지 물어본다. 오늘도 마찬가지였다. 수요일인 오늘은 6-1반이 2교시부터 운동장을 사용하기로 되어있는 날이다.

학생 1: 선생님! 오늘은 체육 운동장에서 할 수 있어요?
이 교사: 잠시만, 오늘 미세먼지 농도 좀 볼게.
학생 2, 3: 제발 제발 파란색이어라!
이 교사: 와. 오늘은 웬일로 미세먼지 농도가 보통이네? 나갈 수 있겠다.

이 교사의 이 한마디에 아이들은 아침 시간임에도 불구하고 신나하고 있었다. 학교 오기 전부터 체육복을 입고, 청바지보다는 활동이 편한 옷으로 입으면서 얼마나 기대를 했을까. 그런데 걱정되는 점이 하나 있었다. 6학년임에도 불구하고 아직 체육 시간 줄을 서는데 실랑이가 벌어지고 질서 있게 서질 못했다. 이 교사는 이 문제를 언젠가는 한 번 고쳐야겠다는 생각을 가지고 있었다. 학기 초에 이런 사소한 질서 문제를 바로 잡지 않으면 습관이 되어 점점 바로 잡기 힘들다.

이 교사: 여러분, 선생님도 오랜만에 나가서 체육수업을 하고 싶긴 한데 하나 걸리는 게 있어요.
학생 1: 네? 그게 뭔데요?
이 교사: 수요일 2교시는 우리 반만 운동장을 사용하고 있지요? 충분히 넓게 쓸 수 있어서 빨리 준비하면 더욱 즐겁게

체육 수업을 할 수 있을 것 같은데 저번 주도 그렇고 그 전에도 그렇고 너무 줄 서고 준비하는 데 오랜 시간이 걸리는 것 같아요.

학생 2: 맞아요! 쟤네들은 줄 서라고 해도 줄도 안 서고 놀고 있고 그래요.

학생 3: 줄 안 서고 노는 아이들도 있지만, 저희 반 줄 서는 기준이 이상한 것 같아요. 남학생 여학생 섞여서 번호대로 서는데 그러니까 선생님 시범하는 모습도 잘 안 보여요.

이 교사: 그런 문제도 있었네요. 그럼 체육 시간에만 서는 기준을 정하면 좋겠지요? 어떤 기준으로 서면 좋을까요?

학생 1: 남학생 2줄, 여학생 2줄로 섰으면 좋겠어요. 남학생, 여학생같이 서니까 편을 가를 때 매번 힘들어요.

학생 2: 그리고 키순으로 서서 선생님 시범을 보일 때 보는 데 어려움이 없었으면 좋겠어요.

이 교사: 그럼 먼저 남학생 여학생으로 나누고 키 순서로 배열해야겠네요.

학생 3: 네! 선생님 그럼 1교시에 키 순서로서는 법 알려주세요.

이 교사: 선생님이 보기엔 충분히 여러분 스스로도 할 수 있을 것 같은데요? 오늘 1교시는 마침 창체 수업이었으니 정렬에 대한 공부를 한 다음 줄을 서 보도록 합시다. 일단 기초적인 내용부터 학습지를 풀어볼까요?

학생 4: 네. 얼른 나눠주세요.

이 교사는 줄서기에 앞서 학생들의 이름순으로 출석번호를 정하는 방법을 이용하여 삽입정렬에 대한 설명을 하였다. **삽입정렬이란 정렬되지 않은 임의의 데이터를 정렬된 부분의 적절한 위치에 삽입해가며 정렬하는 방법이다.** 삽입정렬에 대한 기초 학습지를 풀며 학생들은 오름차순과 정렬 과정에서의 반복구조를 이해한 듯하였다.

이 교사: 자. 그러면 본격적으로 줄서기에 대한 정렬 방법을 알아보도록 할까요? 이번에는 새로운 정렬 방법인 버블정렬에 대하여 알아보겠습니다. 모둠별로 학습지를 받았나요? 여러분이 보는 것처럼 이 학습지에 있는 학생들도 체육 줄을 서려고 해요. 물론 오름차순으로, 키가작은 학생이 제일 앞인 왼쪽에 올 수 있도록요. 학습지를 시작하기 전에 몇 가지 조건이 있어요. 같이 확인해 봅시다.

조건
1) 한 번에 두 학생만 비교할 수 있다.
2) 왼쪽부터 차례대로 키를 비교해서 더 큰 학생이 오른쪽으로 이동한다.
3) 각 학생은 한 칸씩만 이동 가능하다.
4) 정렬을 다 한 뒤에는 남학생, 여학생 실제로 줄을 서 본다.

처음에 학생들은 어떻게 할지 헷갈리는 듯했다. 이 교사는 컴퓨터 화면에 사람 모형을 띄워놓고 학생들과 함께 조건에 맞춰 버블정렬 1회차 비교를 천천히 실행해 보았다. 화면 속 학생들의 순서가 바로 바뀌고 차근차근 비교해 보았더니 처음에는 어려워하던 학생들도 이해하는 모습을 보였다.

비교① : 오른쪽 학생이 더 크므로 자리 이동 없음

비교② : 왼쪽 학생이 더 크므로 자리 이동

비교③ : 왼쪽 학생이 더 크므로 자리 이동

비교④ : 왼쪽 학생이 더 크므로 자리 이동

〈버블정렬 1회차 비교 과정〉

학습지의 그림과 같이 버블정렬은 왼쪽부터 두 명씩 비교하여 오름차순으로 한 칸씩 이동하며 정렬한다.

〈버블정렬 1회차 완료모습〉

아직 완전한 정렬이 이루어지지 않았으므로
키순으로 정렬이 완료될 때까지 왼쪽(1번)부터 다시 비교한다.

이 교사:	자, 선생님과 함께 버블정렬을 해 보았어요. 학생들이 키순으로 잘 섰나요?
학생1:	아니요! 선생님 8번이 제일 앞으로 와야 하는데 아직 멀었어요~
이 교사:	그렇지요? 이렇게 정렬이 완성되지 않은 경우에는 왼쪽, 1번 자리부터 다시 차례로 비교해주어야 해요. 2회차에도 안 되면 3회차, 4회차까지 계속 반복하는 거죠.
학생2:	선생님, 이렇게 한 명씩만 비교하니까 너무 답답해요. 딱 봐도 키가 작은 학생은 앞으로 보내면 안 돼요?
이 교사:	물론 가장 작은 데이터를 찾아 가장 앞으로 보내는 '선택 정렬'이라는 방법도 있어요. 정렬의 방법은 상황에 따라 다르게 선택할 수 있지요. 하지만 이번 시간은 버블정렬을 알아보는 시간이니 인내심을 가지고 계속 버블정렬을 계속해볼까요?
학생들:	네~
이 교사:	그러면 학습지의 사람 모형을 오려 직접 비교해 보며 정렬하기로 해요. 몇 회차 비교까지 하면 정렬이 완료되는지 횟수도 세어 보고요. 어려운 친구들에게는 같은 모둠원들이 잘 설명해주세요.

학생들은 직접 종이를 잘라 이동하면서 금방 방식을 깨닫고 활동에 집중했다. 물론 몇 번과 몇 번을 비교할 차례인지 헷갈리는 학생도 있었고, 몇 회차 만에 제대로 배열하는지 세지 못한 학생들도 있었다. 하지만 다른 친구들이 하는 내용을 보고 스스로 점검하고 고쳐 나가니 결국엔 모든 모둠이 주어진 문제의 정답을 찾아냈다.

〈버블정렬 회차별 학생위치 정답〉

　학습지를 끝낸 학생들은 실제 줄을 세우기 위한 연습을 해 보았다. 먼저 남학생 4명이 나와 버블정렬로 줄을 서 보고, 그다음에는 여학생 6명이 나와 연습을 했다. 확실히 종이로 비교할 때보다는 속도가 빠르고 학생들도 재미있어하는 모습이었다. 연습이 끝날 무렵 1교시를 마치는 종이 쳤고, 학생들은 쉬는 시간을 이용해 배운 내용을 바탕으로 운동장에 나가 모둠별로 줄을 서기 시작했다. 한 조에서 조금 어려움을 겪었지만 두 명씩 차례대로 비교를 해 나가니 금방 올바르게 섰다. 무엇보다 정렬이라는 컴퓨터 과학 원리에 흥미를 가지고 소중한 쉬는 시간까지 반납하며 연습을 하는 학생들이 기특하고 뿌듯한 이 교사였다.

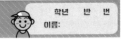

나의 출석번호는 어떻게 정해진 걸까요? 일반적으로 출석번호를 정할 때는 이름순으로 정렬합니다. 다음 8명의 학생들의 출석번호를 주어진 규칙에 따라 정해 봅시다.

※ 첫 번째 순서부터 정렬하는 것(123, 가나다 등)은 오름차순이라고 하고 뒷쪽에서부터 정렬하는 것 (321, 다나가 등)은 내림차순이라고 합니다.

| 문희영 | 조진호 | 신성민 | 이정연 | 강진원 | 여은진 | 이수민 | 박은솔 |

1. 출석번호는 오름차순으로 정한다. (가나다순)
2. 앞에 있는 학생의 이름(문희영)을 기준으로부터 차례로 이름의 초성에 따라 왼쪽 또는 오른쪽으로 정렬한다.
3. 이름이 추가되면 기준(문희영)부터 비교하며 이름의 위치를 찾는다.

1) [문희영] 을 기준으로 [조진호] 의 이름은 (왼쪽/오른쪽)에 정렬해야 한다.

| 문희영 | 조진호 |

2) [신성민] 은 [문희영] 의 (왼쪽/오른쪽), [조진호] 의 (왼쪽/오른쪽)에 정렬한다.

| | | |

3) [이정연] 은 [문희영] 의 (왼쪽/오른쪽), [신성민] 의 (왼쪽/오른쪽), [조진호] 의 (왼쪽/오른쪽)에 정렬한다.

| | | | |

※ 이처럼 정렬되지 않은 임의의 데이터를 이미 정렬된 부분의 적절한 위치에 삽입해 가며 정렬하는 방식을 삽입정렬이라 합니다.

위의 과정을 반복하여 8명 학생의 이름을 오름차순으로 정리하고 출석번호를 찾아봅시다.

| 1번 | | 2번 | | 3번 | | 4번 | |
| 5번 | | 6번 | | 7번 | | 8번 | |

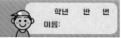
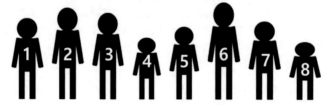

남학생 8명이 키순으로 4명씩 모둠을 만들어 체육수업에 참여하려 합니다.

1) 키가 작은 사람부터 한 줄로 설 수 있는 방법을 예상하여 봅시다. (단, 거울이 없으므로 키를 비교하기 위해서는 직접 등을 맞대고 확인해야 한다.)

① _____

② _____

2) 왼쪽에서부터 차례대로 키를 비교하여 더 큰 사람이 오른쪽으로 한 칸씩 이동해 봅시다.

비교① : 오른쪽 학생이 더 크므로 자리 이동 없음

비교② : 왼쪽 학생이 더 크므로 자리 이동

비교③ : 왼쪽 학생이 더 크므로 자리 이동

비교④ : 왼쪽 학생이 더 크므로 자리 이동

※ 이처럼 서로 이웃한 데이터들을 비교하며 큰 데이터를 뒤로 보내며 정렬하는 방법을 버블정렬이라고 합니다.

3) 학생들은 몇 번의 비교를 거쳐야 알맞게 줄을 설 수 있을까요?   (   ) 회
   그림을 잘라 직접 비교해 보고 정렬이 완료될 때까지 비교 횟수를 기록해 봅시다.

키 순서로 정렬을 끝낼 때쯤 2교시 시작하는 종이 울렸다.

이 교사:	다들 줄을 서는 데 어려움은 없었나요?
학생들:	네!
이 교사:	정말 잘 섰는지 어떻게 확인할 수 있을까요?
학생1:	앞사람하고 비교해서 뒷사람이 크면 바로 선 거예요.
학생2:	옆에서 보았을 때 계단처럼 보이면 제대로 줄이 세워진 거예요.
이 교사:	어디 보자. 이렇게 선생님이 옆에서 보니 모든 조가 줄을 바르게 선 것 같네요. 그럼 준비운동부터 시작해 볼까요? 늘 준비운동이 중요하다는 거 알지요? 발목부터 풀어 봅시다. 선생님이 선구령하면 여러분이 후구령 하겠습니다. 하나, 둘, 셋, 넷, 다섯, 여섯, 일곱, 여덟.
학생들:	둘, 둘, 셋, 넷, 다섯, 여섯, 일곱, 여덟.

이 교사는 3월이 봄이라는 것은 알고 있었지만, 꽃샘추위 때문에 봄이 왔음을 못 느끼고 있었다. 하지만 이번 체육 시간으로 오랜만에 햇살을 온전히 받으며 봄의 기운을 느꼈다. 이렇게 오전 1, 2교시에 많은 에너지를 쏟고 나면 교사, 학생 모두 3교시에 곧바로 정상적인 수업을 하기는 거의 힘들다. 10분 쉬는 시간 동안 아이들은 우유를 마시며 자리에 앉아 이야기를 나누며 쉬었다. 더군다나 3교시는 수학 시간이어서 잠시 우유를 마시며 숨을 돌리고 수업에 임하기로 했다. 쉬는 동안 아이들에게 퀴즈를 하나 내었다.

이 교사: 여러분, 선생님이 1부터 100까지 수 중에 한 가지 수를 생각했어요. 선생님이 생각한 수를 맞추기 위해서는 몇 가지 규칙이 있습니다.

첫째, 질문은 한 번에 한 가지만 할 수 있습니다.

둘째, 선생님은 예, 아니오로만 답합니다.

셋째, 질문을 한 후 모둠별로 자리로 들어가서 다른 질문을 상의할 수 있습니다.

넷째, 가장 빨리 맞추는 모둠이 아니라 가장 적은 질문 수로 선생님이 생각한 수를 맞춘 모둠이 승리하게 됩니다.

다섯째, 질문의 형식은 다음과 같이 정해져 있습니다.

질문
수 □보다 크거나 같은가요? 또는 수 □보다 작거나 같은가요?

비록 상품이나 아무것도 걸려있지 않았지만, 아이들은 질문 리스트를 만들기 시작하여 이 교사에게 질문을 하러 찾아왔다. 이 교사는 그때마다 자신의 대답이 다른 모둠에게 들리지 않도록 조용히 답을 해주었다.

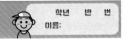
수많은 정보들 중 한 가지 정보를 찾기 위해서는 어떤 방법을 써야 좋을까요?

학생들은 〈보기〉의 카드 중 선생님이 고른 카드가 무엇인지 찾아내려 합니다. 보다 효과적으로 카드를 찾는 방법은 무엇인지 생각해 봅시다.

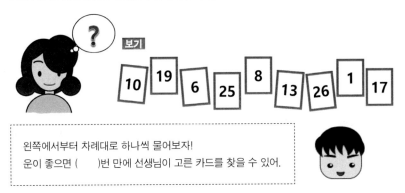

> 왼쪽에서부터 차례대로 하나씩 물어보자!
> 운이 좋으면 (   )번 만에 선생님이 고른 카드를 찾을 수 있어.

※ 이처럼 주어진 정보의 처음부터 순차적으로 원하는 정보인지 확인하는 것을 **선형탐색**이라고 합니다.

> 만약에 운이 나빠서 마지막 카드가 선생님이 고른 카드였다면?
> 운에 맡기는 것 말고 다른 효과적인 방법이 없을까?
> 일단 카드를 숫자의 순서대로 정렬해보자.

보기

| 1 | 6 | 8 | 10 | 13 | 17 | 19 | 25 | 26 |

1) 숫자의 크기순으로 정렬한 카드 중에서 가장 적은 수의 질문으로 선생님이 고른 카드를 찾기 위해서는 어떤 질문을 하면 좋을지 생각해 봅시다. 선생님의 답변을 예상하여 질문을 만들어 봅시다.

심화 컴퓨터의 검색 알고리즘

학년   반   번
이름:

업 다운 게임을 알고 있나요? 문제를 내는 사람이 한 가지 숫자를 떠올리면, 문제를 푸는 사람이 숫자를 추측해서 말합니다. 문제를 내는 사람은 정답이 그 숫자보다 크거나 같은지 "네", "아니오"로 힌트를 줍니다.

컴퓨터가 정보를 찾는 방법도 이와 비슷합니다. 컴퓨터는 여러 가지 정보를 순차적으로 정렬시킨 후, 찾으려는 정보가 가운데 값보다 크거나 같은지 확인합니다.

한 번의 질문으로 찾으려는 정보의 범위가 절반으로 줄어듭니다. 이 과정을 반복하면 가장 적은 질문으로 효율적으로 정보를 찾을 수 있습니다.

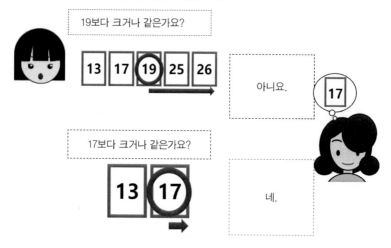

※ 이처럼 대상 데이터 중에 관계없는 1/2을 제외하면서 원하는 정보를 찾는 방법을 이진탐색이라고 합니다.

1) 앞에서 생각한 질문과 일치하는지 확인해 봅시다.
2) 1부터 30까지의 숫자 카드 중 한 장을 골라 짝꿍과 함께 이진탐색을 실행해 봅시다.

5. 언플러그드_쉬는 시간에도
할 수 있는 보드게임

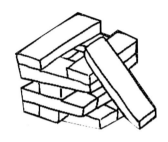

전쟁 같은 3월이 지나갔다. 교사들에게 "1년 중 가장 바쁜 달은 언제인가요?"라고 물어보면 아마 대부분의 교사들이 '3월'이라고 답할 것이다. 그도 그럴 것이 3월에는 학년, 학급 교육과정을 수립하고 한 학기의 평가계획을 제출하여 각자 맡은 업무의 1년 계획도 수립해서 기안해야 한다. 거기에 교실 환경정리는 덤이다. 또 학교에 따라 학부모 상담주간 및 학부모 공개수업도 3월 안에 해야 하는 학교도 있었다. 때문에 새롭게 동학년이 된 선생님들과 변변한 식사 자리 하나 마련하기가 어려웠다. 한 달이 넘도록 연구실에서 잠시 차를 마시며 인사하는 것이 전부였다. 이 교사는 진작부터 동학년 회식을 한번 하고 싶다고 생각했지만, 이 교사 본인 스스로 학교 업무와 가사 사정으로 바쁘다 보니 섣불리 말을 꺼내기 힘들었다. 바빴던 3월이 지나고 4월이 되어 벌써 한 주가 지나가고 있었다. 아이들을 모두 보내고 이 교사는 춘곤증을 이기기 위해 연구실에 들어섰다. 이미 연구실에는 2, 3반 선생님들이 차를 한잔 하고 있었다.

박 교사: 선생님도 오셨네요. 날이 따뜻해지니 잠이 너무 와서요.

이 교사: 맞죠? 역시 저만 그런 게 아니었네요. 무슨 이야기 나누고 있었어요?

서 교사: 아 안 그래도 선생님하고 4반 선생님께도 물어보려고 했는데요. 언제 한번 동학년 회식을 하면 좋겠다고 해서요.

이 교사: 그러게요. 벌써 4월이니 맛있는 것도 먹고 하면 좋겠네요. 이왕 말 나온 김에 바로 날짜를 정하죠.

박 교사: 그럼 4반 선생님도 불러오도록 하겠습니다!

동학년 교사들이 다 모이자 각자의 사정에 따라 날짜를 맞추었다. 회식 날짜는 다음 주 수요일로 정해졌고 메뉴는 그 날 맛있는 걸 고르기로 했다.

회식 날이 되자 이 교사는 남편 유 교사에게 아이들 하교와 저녁을 부탁했다. 남편은 걱정하지 말라며 재미있게 놀고 오라고 해주었다. 회식 장소는 학교에서 어느 정도 거리가 떨어진 이탈리안 레스토랑으로 예약했다. 평소에 퇴근길에서 종종 보던 가게였는데 사람도 너무 많지 않고 테이블 간 간격도 좀 있어 이야기하기에 적당해 보였다.

5시 반쯤 지나자 선생님들이 하나둘 들어왔다. 메뉴를 고르는 데는 별 어려움이 없었다. 모두 적당히 허기진 상태였고 파스타나 피자, 샐러드 종류는 모두가 좋아했다. 차를 가져오지 않은 선생님들은 간단히 하우스 와인을 한 잔씩 주문하고 이 교사는 레모네이드를 주문했다. 그리고 카프레제 샐러드, 로제 빠네 파스타, 샐러드 피자, 라자냐 그리고 사이드 메뉴로 콘샐러드를 주문했다. 주문을 마치고 얼마 지나지 않아 식전 빵이 올리브 오일과 발사믹 식초와 함께 나왔다. 교사들의 식사자리에서는 자기네 반 학생들 이야기가 빠지지 않는다. 오늘도 마찬가지였다.

이 교사: 선생님들 벌써 한 달이 지났는데 반 아이들 성향은 어떤 것 같아요?

강 교사: 저는 올해 아이들 무척 마음에 들어요. 6학년인데도 불구하고 아직은 초등학생 아이 같은 느낌이 많이 남아 있어요.

서 교사: 저희 반 아이들도 작년에 비해 순한 아이들이 많은 듯해요. 작년에는 남학생, 여학생들끼리 다툼도 있고 서로 좋게 보지 않았는데 올해 아이들은 잘 어울려서 놀더라고요.

이 교사: 그건 올해 아이들이 서로 어울려 노는 놀이를 많이 하는 이유가 큰 것 같아요. 특히 보드게임을 좋아하더라고요.

박 교사: 저도 보드게임 좋아해서 가끔 같이하기도 해요. 아이들한테 그냥 놀아라 하는 것보다 놀 거리를 주니 더 교육적으로 효과가 있는 것 같기도 해요.

강 교사: 요즘 소프트웨어(SW) 교육이 각광을 받고 있고 중요하게 여겨지다 보니 관련된 보드게임들도 많이 나오고 있어요. 물론 새롭게 나오는 보드게임 말고도 이전부터 있던 보드게임들도 컴퓨팅 사고능력을 기를 수 있죠. 예를 들어 도미노 같은 것도 이 나무 조각들을 어

떻게 배열해야 원하는 모양으로 넘어질 수 있을지 예측하는 힘을 기를 수 있고, 이 조각 다음에는 어떤 조각이 넘어갈까 하는 순차 개념도 같이 신장시킬 수도 있고요. 3×3 정육면체 큐브도 6면을 모두 맞추기 위해서는 마음대로 맞추면 안 되고 일정한 규칙에 따라 맞춰 나가야 하거든요. 이런 활동으로 순차, 반복, 조건 같은 프로그래밍의 기본 원리를 익힐 수 있죠.

서 교사: 아. 그렇게 접근할 수도 있겠네요. 저는 보드게임 포장에 소프트웨어(SW) 능력 신장, 컴퓨팅 교사협회 추천 이런 문구가 있어야만 소프트웨어(SW) 교육과 관련 있고 능력 신장에 도움을 줄 수 있는 줄 알았어요.

강 교사: 물론 그렇게 명시해 놓으면 소프트웨어(SW) 교육용으로 만들어졌기 때문에 학생들에게 많은 도움을 줄 수 있을 거예요. 다만 그렇게 명시해 놓지 않아도 충분히 컴퓨팅 사고력을 신장시킬 수 있는 게임들도 있는 거죠.

이 교사: 선생님 그러면 추천해주실 만한 놀이게임이 있을까요? 안 그래도 요즘 슬그머니 아이들이 다른 게임은 없나 하면서 찾더라고요.

강 교사: 많은 게임들이 나와 있어요. 안 그래도 새로운 보드게임이나 유용한 보드게임은 뭐가 있을까 하면서 고민하고 있었어요. 4개 반에서 각각 다르게 주문해서 돌려 쓴다고 생각하면 다양한 게임을 살 수 있겠네요. 한 번 보시고 또 이야기 나누어 봐요.

박 교사: 좋아요. 좋아요. 저도 그 리스트 보고 아이들과 이야기해 보고 구매해야겠어요.

이렇게 소프트웨어(SW) 관련 보드게임에 대한 이야기가 마무리되어 갈 때쯤 주문한 음식들이 나왔다. 막상 주문할 때는 이렇게 많을 줄 몰랐는데 음식들이 나오고 보니 제법 많은 양이었다. 음식과 함께 학교 이외의 이야기들도 오고 갔다. 가족이나 고향, 연애 이야기 등 학교 밖에서 보니 직장 동료라기보다 인간 대 인간으로 상대방을 알아갔다. 2반의 박 교사는 몰랐는데 부모님 모두 바로 옆 지역에서 교직에 근무하고 계시고, 강 교사 또한 이 교사처럼 제법 먼 거리를 출퇴근하고 있어서 3월 한 달이 너무 피곤했다고 하였다. 서 교사는 평소에도 꼼꼼하고 착실하다고 느꼈지만, 퇴근, 후의 이야기를 들어보니 취미도 많고 하고 싶은 것도 많은 선생님이었다. 이 교사는 자신의 가족들에 대한 이야기를 많이 나눴다. 남편 유 교사가 많이 도와준다는 이야기나 아이를 낳고 보니 아이들이 내 마음대로 되지 않는다는 이야기 등 사는 이야기를 해주었다.

어느 정도 담소를 나누며 먹고 마시다 보니 배가 불러왔고 그 많던 음식 접시들도 조금씩 비워졌다. 이 교사가 선배인 만큼 자신이 사겠다고 했지만, 나머지 선생님들이 많이 나왔을 거라며 극구 사양했다. 결국 첫 회식 밥값은 학년 회비에서 내고 2차로 차를 이 교사가 내기로 하고 자리를 옮겼다. 카페는 식당에서 충분히 걸어서 갈 수 있는 거리였다. 각자 차를 타고 이동해도 되었지만 소화시킬 겸 걸어가기로 하였다. 날씨도 좋고 카페를 가는 길의 가로수들이 벚나무여서 제법 운치가 좋았다. 노란 가로등에 비친 분홍색 벚꽃들이 팝콘이 튀겨진 듯 뭉쳐서 만개하고 있었다.

현직 교사들이 직접 해보고 추천하는
교실놀이용 SW보드게임

자료 수집	자료 분석	자료 표현	문제 분석	알고 리즘	시물 레이션	병렬화
✔	✔		✔	✔		

이름	엔트리봇 폭탄 대소동	
활동인원	2~4명	
활동시간	20분+	
체감난이도	★★☆☆☆	
가격	1만 원 초반	

자료 수집	자료 분석	자료 표현	문제 분석	알고 리즘	시물 레이션	병렬화
✔	✔		✔	✔	✔	

이름	엔트리봇 부품찾기 대작전	
활동인원	2~4명	
활동시간	5~15분	
체감난이도	★★☆☆☆	
가격	2만 원중후반	

자료 수집	자료 분석	자료 표현	문제 분석	알고 리즘	시물 레이션	병렬화
✔	✔	✔		✔	✔	✔

이름	달려라 코딩버스	
활동인원	2~4명	
활동시간	20분+	
체감난이도	★★★☆☆	
가격	3만 원중후반	

자료수집	자료분석	자료표현	문제분석	알고리즘	시물레이션	병렬화
✔	✔	✔				✔

이름	첸토
활동인원	2~10명(4명 권장)
활동시간	15분+
체감난이도	★★☆☆☆
가격	2만 원 중반

자료수집	자료분석	자료표현	문제분석	알고리즘	시물레이션	병렬화
✔	✔			✔	✔	✔

이름	맛있는 코딩
활동인원	2~4명
활동시간	20분+
체감난이도	★★★★☆
가격	2만 원 중반

자료수집	자료분석	자료표현	문제분석	알고리즘	시물레이션	병렬화
✔	✔	✔		✔		

이름	스텍버거
활동인원	2~6명(4명 권장)
활동시간	15분+
체감난이도	★★☆☆☆
가격	1만 원 중후반

자료수집	자료분석	자료표현	문제분석	알고리즘	시물레이션	병렬화
✔	✔	✔		✔	✔	

이름	요원12
활동인원	2~4명
활동시간	20분+
체감난이도	★★☆☆☆
가격	2만 원 후반

6. 순서도(Flow Chart)_1인 1역 설명서 만들기

　6학년 1반에는 학생들 한 사람 한 사람 각자의 역할이 있다. 이것을 흔히 1인 1역이라고 하는데 학생들이 책임감을 느끼고 학급의 일에 도움이 되는 한 가지의 일을 하는 것이다. 이 1인 1역도 어느새 바꾸어야 할 시기가 왔다. 이 교사는 1인 1역을 2~3달에 한 번씩 바꾸기로 하였다. 매달 역할을 바꾸게 되면 적응되기도 전에 바꿔야 하고 역할을 정하는 절차가 생각보다 까다롭기 때문이다. 그래서 오늘 자치 활동 시간에 1인 1역을 바꾸기로 하였다. 역할을 바꾸기 전에 이 교사는 학생들에게 한 가지 과제를 내주었다. 그것은 바로 '자신이 1인 1역에서 했던 일 순서에 따라 설명하기'였다. 처음 역할을 정할 때는 이 교사가 각 역할에 대한 설명과 해야 할 일에 대하여 말해주었다. 하지만 이번부터는 전의 역할을 한 사람이 다음 사람에게 할 일을 가르쳐주기로 하였다. 그런데 학생들이 가져온 역할 설명서는 실제의 기능을 하기 어려웠다.

이 교사:	1반 여러분. 선생님이 어제 내준 숙제 기억하고 있나요?
학생들:	네! 잘 기억하고 있어요.
이 교사:	그렇군요. 그럼 자신의 역할을 다른 사람이 잘할 수 있는지 확인하게 발표해 볼게요. 먼저 손을 번쩍 들고 있는 유진이가 발표해 보겠습니다.
학생 1:	저의 역할은 우유 가져오기였습니다. 먼저 우유를 가지러 갑니다. 두 번째, 교실로 들고 옵니다. 셋째, 나눠 줍니다. 이렇게 하면 끝입니다.
이 교사:	유진이가 발표 잘해 주었네요. 또 누가 발표해 볼까요? 서영이가 해 봅시다.
학생 2:	저의 역할은 휴대폰 걷기였습니다. 첫째, 휴대폰을 걷는다. 둘째, 휴대폰을 보관함에 넣는다. 이 순서로 1인 1역을 했습니다.
이 교사:	여러분들의 발표 잘 들어 보았어요. 그런데 친구들의 설명을 듣고 바로 맡은 역할을 무리 없이 수행할 수 있을까요? 혹시 친구들이 발표한 역할에서 빠진 것은 없었나요?
학생 1:	우유를 나눠주기 전에 우유마다 번호를 적어야 합니다.
학생 2:	휴대폰을 걷을 때는 번호순으로 걷어서 헷갈리지 않도록 해야 합니다.
이 교사:	우리 반에 예리한 친구들이 많네요. 그럼 만일 우리 반 1인 1역 설명서를 만든다면 어떤 기준으로 만들어

야 할까요?

학생 3: 해야 하는 순서에 따라 적습니다.

학생 4: 시간 순서에 따라 해야 할 일을 적으면 헷갈리지 않습니다.

학생 5: 빠트리는 과정 없이 자세하게 적어야 합니다.

이 교사: 그래요. 1인 1역을 정확하게 하기 위해서는 해야 하는 순서대로 적고 빠트리는 정보 없이 자세하게 적어야 하겠죠? 바로 1인 1역 설명서를 만들기에는 어려울 수 있으니 모두가 좋아하는 '나만의 라면 끓이기' 설명서를 먼저 만들어 봅시다. 나만의 라면 끓이는 방식이 있다! 이런 친구들은 자신만의 특별한 레시피대로 해도 좋아요.

이 교사의 설명이 끝나자 학생들은 저마다의 방식으로 라면 끓이는 알고리즘을 작성해 나갔다.

- 간단히 라면 끓이기 예시 -	- 자세한 라면 끓이기 예시 -
1. 물 500㎖를 넣는다. 2. 물이 끓으면 라면을 넣는다. 3. 스프를 넣는다. 4. 끓으면 꺼낸다.	1. 물 500㎖를 냄비에 넣는다. 2. 냄비를 가스불에 올리고 물의 온도가 100℃가 되는지 확인한다. 3. 라면 봉지를 뜯는다. 4. 라면을 두 조각으로 나눈다. 5. 라면을 100℃ 물에 넣는다. 6. 1분 후 라면의 면을 풀어준다. 7. 스프를 넣는다. 8. 젓가락으로 저어준다. 9. 1분 후 라면이 익었는지 확인하고 익었다면 그릇에 옮겨 담아 먹고, 아직 익지 않았으면 8번으로 돌아간다.

위 보기처럼 학생들은 저마다의 방식으로 라면 끓이기에 대한 답을 적어갔다. 개인별로 알고리즘 작성이 끝난 모둠은 가장 자세하게 적힌 모둠원의 레시피대로 라면을 끓이는 역할극도 하며 부족하거나 빠진 과정은 없는지 확인해 나갔다.

다음 활동은 친구가 묘사하는 집을 그려보는 것이었다. 처음에는 대부분의 학생이 모호하거나 불충분한 정보로 집을 그리려고 하였다. 하지만 점점 활동을 수행하면서 정확하게 자신의 집에 대한 정보를 상대방에게 제공하였다. 예를 들어서 다음과 같았다.

수업 전: 네모칸 가운데에 삼각형 지붕이 달린 집을 그린 다음 집의 오른쪽에 동그란 창문을 그리고 왼쪽에 문이 있는 집이야.

수업 후: 주어진 네모칸의 가로에서 2분의 1지점, 세로에서 밑에서 3분의 1지점에 밑변이 3㎝, 높이가 1.5㎝인 사각형을 그려. 거기서 지붕은 높이가 2㎝, 밑변이 5㎝인 이등변삼각형을 그려. 문은 집 벽의 오른쪽에서 0.1㎝ 떨어진 지점에 가로 0.5㎝, 세로 1㎝인 직사각형을 그려. 창문은 문의 오른쪽에 타원형으로 그리고 사등분하면 완성이야.

이 교사: 여러분, 이제 친구들의 설명만으로 비슷한 그림을 그릴 수 있나요? 자신이 생각한 것을 전달하는 방법을 연습했으니 다음으로 각자의 1인 1역에 맞추어 1인 1역 설명서를 만들어 봅시다.

따뜻한 5월의 햇살이 내리쪼이면서 아이들이나 교사들이나 점심시간 이후에 식곤증이 몰려왔다. 수업을 하는 이 교사 본인도 그렇게 잠이 쏟아지니 아이들은 오죽하겠나 싶었다. 안내장이 있으려나 하는 생각에 이 교사는 교무실에 들러 학급별 편지함과 택배들을 살펴보았다. 마침 강 교사에게 온 택배가 있어 연구실로 가지고 올라갔다. 몇 분 후 강 교사와 다른 선생님들도 올라와 춘곤증이며 봄 꽃놀이에 대한 이야기들을 이어 갔다. 그리고 강 교사의 택배로 화두가 옮겨졌다.

강 교사: 택배가 온다고 하더니 이제 왔네요. 들고 와주셔서 감사합니다.

박 교사: 선생님, 뭘 사신 거예요? 선생님 택배가 자주 오던데.

강 교사: 요즘 들어 좀 택배를 많이 주문하긴 했어요. 다음에 기회가 되면 말씀드릴게요. 오늘은 영재수업에서 쓸 교구를 주문했어요. 하노이탑이라는 거예요.

서 교사: 하노이탑 저도 들어는 봤어요. TV에서도 몇 번 나오던

데요?

강 교사: 아마 한 번씩은 보셨을 거예요. 이 1번 기둥에 있는 나무 조각들을 2번이나 3번 기둥에 그대로 옮기면 돼요. 대신 조건이 몇 가지 있는데 첫째, 큰 조각은 작은 조각 위에 올 수 없다. 둘째, 한 번에 한 조각씩만 옮길 수 있다. 조각의 이동 횟수를 최소로 하여 옮길 수 있도록 하는 거예요.

이 교사: 특별한 규칙도 없고 설명만 들어서는 쉬울 것 같은데 한 번 해봐야겠네요. 그리고 아이들도 재미있어 할 것 같아요.

강 교사: 네. 작년에도 이 교구로 수업을 해봤는데 아이들이 집중해서 재미있게 하더라고요.

박 교사: 그런데 하노이탑으로 어떤 내용의 수업을 하실 예정이세요?

강 교사: 알고리즘 수업을 해 볼까 해요.

서 교사: 알고리즘이 정확히 뭘까요?

강 교사: **알고리즘(algorithm)은 컴퓨터 과학에서 주어진 문제를 논리적으로 해결하기 위해 필요한 절차, 방법, 명령어들을 모아 놓은 것**을 말해요. 사람은 그 말 속에 포함되어 있는 의미까지 이해할 수 있지만, 컴퓨터는 그렇지 못하잖아요. 정확하게 무엇을 해야 할지 처리 내용과 처리 순서를 모두 구체적으로 알려 주어야만 제대로 명령을 수행할 수 있지요. 그래서 하노이탑으로 순서도를 이용한 알고리즘 수업을 해보려고요.

박 교사: 여러 교구를 이용해서 소프트웨어(SW) 수업을 할 수 있군요. 순서도는 무엇을 말하는 것인가요?

강 교사: 순서도(flow chart)의 flow는 '흐름'이라는 뜻인데 일이 일어나는 순서나 작업의 진행 흐름을 기호와 도형을 이용해서 순서대로 적어 놓은 것을 말하는 것입니다. 순서도에는 다음 기호들을 이용해서 나타내지요.

기호	의미	기호	의미
▭	처리: 각종 처리 기능을 표시한다.	▱	인쇄: 인쇄
◇	판단: 조건	→	흐름 방향: 데이터의 흐름
⬡	준비: 초기치의 설정	○	결합자: 순서도를 연결
▢	단말: 시작과 끝	⊣	주석: 해당 처리 과정의 간단한 설명
▱	입출력: 입력과 출력		

강 교사: 이 수업을 통해 CT(Computational Thinking)의 구성요소인 분해, 패턴인식, 추상화, 알고리즘, 자동화 등의 개념도 적용해 보려고 합니다.

이 교사: 선생님 수업 다 하면 저희 반에도 좀 빌려줄 수 있을까요? 마침 오전에 알고리즘 수업을 해봤거든요.

박 교사: 저희 반도요. 그 전에 저희끼리 한 번 해봐요. 누가 제

일 적게 움직여서 미션을 수행할 수 있는지요.

강 교사: 좋습니다. 일단 선생님들 하나씩 받으시고요. 다른 선생님이 하는 거 보기 없습니다!

머리를 맞댄 선생님들은 처음부터 다시 시작하는 시행착오 끝에 곧 모든 조각들을 다 옮기고 각자 최소 움직임 횟수를 찾기 위해 집중했다. 어찌 학생들 교구로 장만한 것들이 선생님들의 집중력 향상에 도움을 주고 있었다. 그렇게 즐겁게 시간을 보내고 한 반씩 하노이탑 세트를 각자의 교실로 가져가 돌아가며 써보기로 하였다.

생활 속에서 여러분이 하는 일은 모두 판단과 선택이 반복되어 이루어집니다. 우리는 의식하고 있지 못해도 아주 작은 부분도 세심하게 관찰하고 판단합니다. 라면을 처음 보는 사람에게 라면 끓이는 방법을 설명한다고 가정해 봅시다. 설명은 아주 구체적이고 단계별로 이루어져야겠지요? 최대한 자세하게 라면 끓이는 법을 설명해 봅시다.

① 냄비에 물 500㎖를 넣는다.

②

③

④

⑤

⑥

⑦

1) 친구들이 쓴 내용과 비교한 후 빠뜨린 부분이 있다면 내용을 추가해 봅시다.

2) 〈A〉에 집을 그린 후, 친구가 똑같이 따라 그릴 수 있도록 차근차근 설명해 봅시다.

〈A〉

〈B〉

3) 친구가 불러주는 설명을 듣고 〈B〉에 친구의 집을 그려 봅시다.

4) 똑같은 모양의 집이 그려졌나요? 그렇지 않다면 이유가 무엇일지 생각해 봅시다.

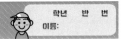
퍼즐 '하노이의 탑'은 한 기둥에서 다른 기둥으로 고리를 모두 옮겨야만 하는 놀이입니다. 이 때 중요한 것은 작은 고리 위에 큰 고리를 놓을 수 없으며, 고리는 반드시 한 개씩만 옮겨야 한다는 점이지요.

1) 다음 그림을 보여 하노이의 탑을 옮기는 방법을 문장으로 적어 봅시다.

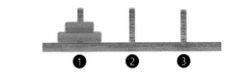

목표 : 막대 ❶의 고리를 막대 ❸으로 모두 옮긴다.

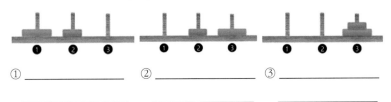

① _____

_____

② _____

③ _____

2) 위의 문장을 단어와 기호의 조합으로 간결하게 표현해 봅시다.

①	②	③

※ 이처럼 어떤 정보에서 중요한 특징을 찾아낸 후 간단하게 표현하는 것은 추상화라고 합니다.

3) 오늘 아침 교실에 들어와서부터 아침 활동이 시작되기까지 나의 행동을 추상화하여 순서대로 정리해 봅시다. (나의 행동에 따라 빈칸으로 두거나 칸을 추가할 수 있습니다.)

7. 조건 알고리즘_모둠 역할 정하기

학창시절을 겪어본 사람들이라면 자리 바꾸는 날의 설렘을 알고 있을 것이다. 그 날은 누구와 짝이 될 것인지 궁금하기도 하고 걱정도 되고 다양한 감정들이 공존한다. 몰래 짝사랑하던 아이와 혹시라도 짝이 되면 좋은 감정을 감추느라 싫은 소리를 해대기도 했었다. 요즘 아이들이 아무리 이전에 비해 성숙하고 인터넷에 노출되었다고 해도 6학년 아이들이 이성과 짝이 되는 것을 부끄러워하는 것은 당연한 일이다. 6학년 1반도 예외는 아니었다. 바로 오늘이 5월 첫 주를 맞이하여 자리를 바꾸는 날이기 때문이다. 학기 초 학급회의 시간에 자리 바꾸는 주기는 한 학기에 2번으로 정하였다. 너무 자주 짝을 바꾸면 매번 모둠 역할을 정하는데 부담도 되고 바꾸지 않으면 분위기 전환이나 폭넓은 대인관계 마련에 어려움이 생길 수 있기 때문이다.

자리 바꾸기는 처음 앉을 때 키 순서로 앉혔고 이번에는 두 달 동안 아이들을 겪어봤으니 이 교사가 학생들의 특성과 성향을 생각하여 앉힐 예정이었다. 물론 아이들이 순순히 따른 것은 아니었다. 같은 성별끼리 앉을 거라는 의견도 있었고 제비뽑기로 앉자는 의견도 있었다. 하지만 벌써 그렇게 앉아버리면 편을 가르거나 무리가 생기기 쉽고 학습적인 측면에서도 좋지 않다. 1교시가 시작되기 전부터 아이들은 어떻게 자리를 바꿀 것인지에 대해 계속 물어왔다. 분명 같은 성별끼리는 앉지 못할 것이라 했는데도 어지간히 궁금한 모양이었다. 1교시가 시작하고 자리 배치표를 TV에 띄워주었다. 여기저기서 탄성과 탄식의 외침이 나왔다.

이 교사:　　　자. 자신의 자리를 확인했으면 얼른 자리를 옮깁시다. 1교시에 할 일이 많아요.

　아이들은 자신의 물건들을 챙겨 새로운 자리로 옮겨갔다. 이 교사는 이번 자리를 위해 여러 가지를 고민했었다. 학생들의 키부터 시력, 대인관계, 성취 수준 등을 생각했고 아직 완벽하게 파악하진 못했지만, 내향적인지 외향적인지에 대한 것들도 고려 대상이었다.

이 교사:　　　이제 자리에 다 앉은 것 같네요. 이제 새로운 모둠에서 자신의 역할을 정해야 해요. 오늘은 단순히 가위바위보나 제비뽑기 말고, 자신이 잘할 수 있는 역할을 해볼 거예요. 모둠에서 필요한 역할은 무엇이 있죠?
학생 1:　　　이끔이, 기록이가 필요합니다.
학생 2:　　　나눔이, 지킴이도 우리 반에서는 필요하죠.
이 교사:　　　맞아요. 그럼 각 역할을 잘 수행하려면 어떤 조건이 필

요할까요? 예를 들어서 '이끔이'는 어떤 친구들이 하면 좋을까요?

학생 3:   목소리가 큰 친구들이 하면 좋을 것 같아요.

학생 4:   리더십도 필요해요.

이 교사: 잘 말해주었어요. 그럼 나머지 '기록이', '나눔이', '지킴이'도 어떤 조건이 필요하겠죠? 모둠별로 각자의 역할에 필요한 것을 정리해 봅시다.

모둠별로 조금씩은 차이가 있었지만 각 역할의 조건을 기록했다. 어느 모둠에서는 벌써 조건을 써 봄과 동시에 역할을 정한 모둠도 있었다.

이 교사: 모두 각 역할에 대한 조건들을 잘 정리해 주었네요. 이제 그 조건들을 이용하여 알고리즘 과정을 거쳐 역할을 정해 봅시다. 꼭 잘하는 역할만 할 필요는 없어요. 자신이 하고 싶거나 배워 보고 싶은 역할을 하고 싶으면 친구들과 토의해서 할 수도 있어요.

학생들은 타인이 완전히 해 주기보다는 자신들이 정하고 약속한 것에 대해 보다 높은 관심을 보인다. 학급규칙도 마찬가지이다. 교사가 일방적으로 전하거나 정해버리는 것보다는 학생들 스스로 학급의 규칙을 만들어나가는 편이 보다 기억에 남고 마음에도 남는다. 이전에는 아무 의미 없이 모둠별로 역할을 정했지만, 이번에는 각자의 역할에 대해 진지하게 고민하는 과정을 거쳤기에 보다 책임감 있는 역할 수행이 기대되었다.

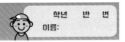
우리 모둠에서 나의 역할은 무엇인가요? 이끔이, 기록이, 나눔이, 지킴이 4가지 역할의 중요한 점을 떠올리며 나에게 어울리는 역할을 찾아 봅시다.

1) 무엇을 잘하는 친구가 각 역할을 잘 수행할 수 있을지 생각해 봅시다.

이끔이	과제, 대화, 토의, 토론 등의 활동을 이끈다. ▶ 예) 목소리가 크고 자신감 있는 친구
기록이	활동 내용을 기록하고 학습 결과를 정리한다. ▶
나눔이	준비물이나 자료를 나누고 학습 자료나 결과물을 모은다. ▶
지킴이	규칙을 지키고 시간을 체크하며 공부하는 분위기를 만든다. ▶

2) 자신이 잘하는 것을 따라가면 알맞은 역할이 나올 수 있도록 ◇에 알맞은 조건을 넣어봅시다.

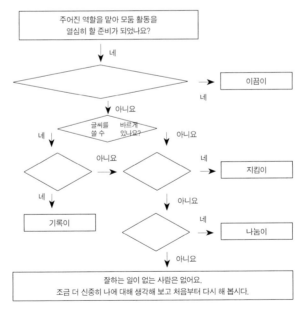

8. 반복 알고리즘_카네이션 만들기

언젠가 한 번 어머니께 "어버이날 선물 중에 가장 기억에 남는 게 뭐가 있어요?"라고 여쭤본 적이 있다. 어머니께선 잠시 기억을 떠올리시더니 "음…. 보자 네가 1학년 때인가 2학년 때인가, 어렸을 때 학교에서 어버이날 선물이라고 만들어온 종이 카네이션이 가장 기억에 남네."라고 하셨다. 우스갯소리로 "엄마, 그러면 이번 어버이날 선물도 그렇게 종이 카네이션으로 드릴게요." 하니 괜찮다며 지금은 네가 주는 봉투가 제일 좋다고 답하셨다. 지금 생각해 보면 나이가 들고 철이 든 지금보다 오히려 어린 시절 학교에서 어버이날을 맞이해 편지를 쓰고 카네이션을 만들어 드릴 때 부모님 생각을 더 많이 했던 것 같다.

아마 대부분의 초등학생들이 5월 첫째주나 둘째주에는 부모님을 생각하며 국어 시간에는 편지를 쓰고 미술 시간에는 종이접기나 가위질을 하며 카네이션과 카드를 만들 것이다. 카네이션을 만들 빨간색 색종이와 초록색 색종이는 이미 학습준비물로 신청해놓았다. 그래서 학생들이 가져올 것은 딱히 없었지만, 부모님께 드릴 선물이나 추가로 카드를 꾸미고 싶으면 개인적으로 가져오라고 알림장으로 예고하였다. 6학년의 장점이라면 많은 설명을 하지 않아도 이해도가 높고 충분한 수준의 결과물들이 나오는 것이다.

이 교사: 오늘은 지난번에 예고한 대로 어버이날 맞이 카네이션 만들기와 편지 쓰기를 해 볼 거예요. 선생님이 편지지나 봉투는 직접 가져와도 좋고 만들어도 좋다고 했었죠? 오늘 할 활동에 대해 한 번 확인해 봅시다. 먼저 활동지를 나누어 줄게요.

이 교사는 학생들이 오늘 해야 할 내용들이 정리된 학습지를 나누어 주었다. 학습지에는 카네이션을 접는 방법이 순서도로 나타나 있었고 중간중간 빈칸도 있었다. 그리고 PPT 화면을 띄워 오늘 해야 할 활동에 대한 설명을 시작했다.

　종이접기나 만들기 능력은 아이마다 수준 차이가 제법 있는 편이다. 어떻게 보면 일반 교과보다 예체능 관련 수준이 오히려 더 차이가 크게 난다. 이 교사는 설명을 끝낸 후 순회 지도를 하며 어려워하는 아이들을 도와주었다. 간혹 잘 이해하지 못하는 경우도 있기 때문에 설명 후에 잘 이해했는지 확인해 보기도 해야 했다.

　어느새 빨간 카네이션들이 한 송이 한 송이 완성되었다. 제법 많이 만들어 꽃다발처럼 만든 학생도 있었다. 이 교사도 같이 두 송이 카네이션 꽃을 만들기로 하였다. 정말 오랜만에 길거리에서 사다 드리는 카네이션 꽃이 아닌 직접 만들어서 부모님의 가슴에 달아드리기 위해서였다. 이 교사는 아이들과 함께 빨간색 색종이를 집어 들어 반듯하게 종이를 접어나갔다.

〈어버이날 카네이션 만들기 학생작품 예시〉

어버이날 카네이션 접기 활동을 위한 순서도를 만들려고 합니다. 카네이션을 만들기 위해
꽃잎이 12장 필요할 때, 가장 간단하게 순서도를 그리기 위해 필요한 조건은 무엇일까요?
다음 빈 공간에 적절한 형태의 명령어와 화살표를 넣어 차트를 완성해 봅시다.

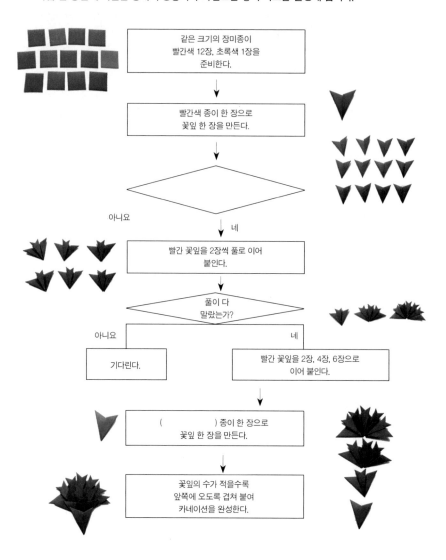

9. 교과 융합수업_실과 수업에 알고리즘 적용하기

이 교사는 알고리즘 수업을 해보면서 정말 다양한 교과에 적용할 수 있겠다는 생각이 들었다. 마치 마스터키처럼 인과관계나 용어 그대로 '순서'만 있으면 어디든 응용할 수 있다는 것이다. 알고리즘을 활용한 수업에 관심을 두게 되면서 조사를 해보니 예시로 많이 들고 학생들이 즐겁게 참여할 수 있는 주제가 '라면 끓이기', '달걀 삶기'였다. 요리라는 행위 자체가 아이들이 흥미를 느끼기 쉽고, 계량된 재료를 레시피에 맞춰 정해진 순서대로 조리해야 하는 점 때문이었다. 때마침 5월 셋째 주에는 실과 요리 실습이 있었다. 순서도를 이용한 수업을 하기에 적격인 시기와 내용이었다.

'실과(實科)'라는 과목명 그대로 실과는 실용적인 활동을 하는 교과이기 때문에 일상생활을 하는 데 필요한 지식들을 많이 배우게 된다.

때문에 실습이 필수적으로 많이 요구되지만, 학교 여건상 모든 실습을 하기에는 어려웠다. 예를 들어 동물에 대해 배울 때 교실에서 동물 키우기 실습을 하기는 어렵다. 그리고 교과서에 식물 키우기가 나온다면 꼭 교과서 예시에 나온 식물을 키우지 않더라도 각 학급이나 학교의 여건에 맞는 식물을 키우면 된다. 따라서 실과 교과는 교사가 늘 수업에 대해 고민하고 학급의 상황에 적절한 학습내용으로 재구성하는 과정이 필수적이다. 학습내용 재구성이 없다면 수업시간에 학생들이 흥미 있어 하는 주제들은 빛을 발하지 못하고 단순히 지식이나 기능 전달을 하는 시간이 되어 버릴 수가 있기 때문이다.

이 교사는 요리 만들기 수업을 다음과 같이 프로젝트 학습으로 기획했다.

1. 모둠별 요리 메뉴 정하기

- 학급 회의시간을 이용하여 모둠별로 만들고자 하는 메뉴 정하기
- 모둠별로 메뉴가 겹치지 않을 것
- 학교에서 만들 수 있는 메뉴로 선정하기
- 요리 실습 시 주의해야 할 점 알아보기

2. 재료 준비하기

- 수학시간에 배운 '비와 비율'을 이용하여 재료 비율 정하기
- 재료가 남지 않을 만큼 적당량 준비하기
- 안전한 조리도구 가져오기

3. 모둠의 레시피 만들기

- 순서도를 이용하여 요리 순서 만들기

- 필요에 따라 순차, 조건, 반복문 사용하기

드디어 실과 〈요리 만들기 수업〉을 하는 날이 되었다. 이와 같은 수업을 하기 위해서는 학생들만 준비가 필요한 것이 아니다. 선생님으로서도 신경 써야 할 일이 한두 가지가 아니었다. 먼저 오전 중에 음식을 만들어 먹으니 점심을 못 먹거나 적게 먹는 학생들이 많아진다. 그렇기 때문에 영양 선생님께 적어도 일주일 전부터 이날은 6학년이 먹는 음식의 양이 적을 것이라고 말씀을 드려야 한다. 그리고 학생들 안전이 중요시되는 만큼 식재료에 대한 신선함도 신경 써야 하므로 아침에 학생들이 들고 온 재료들을 넣을 냉장고도 마련해야 한다. 또 아무리 냄새가 나지 않는 음식을 하더라도 수업 중에 음식 냄새를 풍기기 마련이어서 같은 층에 있는 학급마다 양해를 구해야 한다. 이러한 다양한 문제들이 있기 때문에 요리 실습수업은 동학년에서 시간표를 조정하여 같은 날, 같은 시간에 하는 것이 일반적이다. 이 교사네 6학년도 마찬가지였다. 며칠 전부터 동학년 협의회를 통해서 중간중간 점검하여 부족한 부분을 조정하였다. 학생들에게 계획서도 미리 받아서 만에 하나 있을 수도 있는 안전사고에 대비하였다. 또한 간편한 방법으로 요리 실습이 이루어지도록 레시피나 방법을 조정하기도 하였다. 예를 들면 다음과 같다.

1. 밥이 필요한 경우

반의 한 모둠은 김밥을 만들기로 하였다. 처음에 아이들이 밥솥을 들고 온다는 것을 대신하여 집에서 밥을 해서 가져오라고 하였다. 이후에 동학년에서 이야기 나누어보니 좀 더 간편하면서 밥이 상할 염려가 없도록 연구실에 있는 전자레인지를 이용해 즉석밥을 사용하면 어떻겠냐는 의견이 나와 그렇게 하기로 하였다.

2. 끓이거나 데워야 하는 경우

보통 가스버너를 생각하는데 휴대용 인덕션도 있어서 보다 안전하고 가스 냄새가 없는 휴대용 인덕션을 사용하게 하였다. 마땅치 않을 경우에는 집에서 충분히 연습해 보고 불을 켜고 끄는 담당을 정하였다.

3. 너무 거창한 메뉴를 선정한 경우

요리에 자신이 있거나 의욕이 충만한 모둠일 경우 간혹 무리한 메뉴를 선정하기도 하였다. 예를 들어 치킨이나 피자를 선택하여 일반적인 레시피를 따라 실제로 요리하려는 경우가 있었다. 이런 경우는 간단한 에어프라이어나 미니오븐을 이용하거나 아예 메뉴 자체를 변경하도록 하였다.

가장 유의해야 할 점은 이 실습이 단순히 요리 만들기가 아니라 한 메뉴 안에 모든 영양소가 골고루 포함되도록 만들어야 한다는 것이었다. 이런 조건을 내거니 이 교사네 반에서는 다음과 같은 메뉴들이 나왔다.

- 참치김밥과 샐러드김밥
- 수제 베이컨 아보카도 햄버거
- 계란햄 샌드위치
- 소고기 비빔밥
- 불고기 덮밥과 샐러드
- 스크램블 에그와 소시지

프로젝트 학습으로 준비한 수업이다 보니 수업에 대한 준비가 뛰어났다. 한 명씩 준비물을 빠뜨리는 평소와 다르게 누구 하나 준비물을 빠트리지 않고 가져와서 참여하였다. 순서도에 그려진 모둠별 레시피를 보고 만드는 모습도 보통의 요리 실습과는 다른 점이 있었다. 간을 보다가 조금 싱겁거나 짜면 어떻게 해야 할지도 조건문으로 구현되어 있었고 도식화가 되어 있으니 일반 번호로 쓰인 레시피보다 요리 과정에서 일어나는 실수를 적게 할 수 있었다. 아이들도 요리를 만들면서 어려움을 겪었을 것이다. 마음대로 잘되지 않고 예상치 못했던 변수도 생기고 요리가 생각보다 이쁘게 나오지 않는 등 말이다. 하지만 돌아다니면서 먹고 있는 아이들에게 '맛있어?'라고 물어보면 아주 자신감 있게 맛있다고 말하고 있었다.

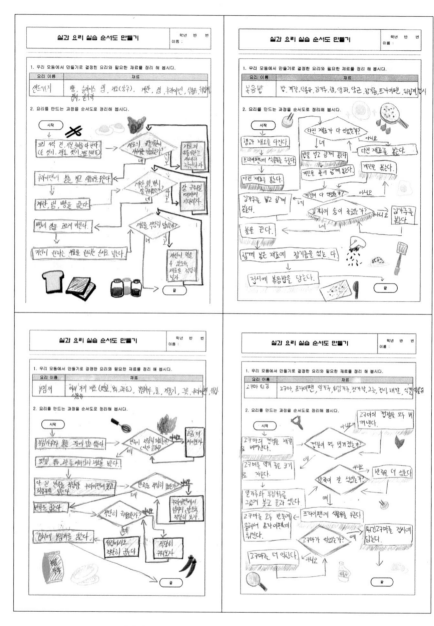

〈실과 요리실습 순서도 만들기 학생 작품〉

소프트웨어(SW)와 교과 융합 수업 적용 예시

과목	소프트웨어(SW)와 융합 예시
국어	• 기사문을 쓰기 위해 필요한 내용을 추상화하여 EPL 프로그램으로 자동 기사문 쓰기 • 일의 순서를 나타내는 글 읽고 순서도(Flow Chart)로 정리하기
도덕	• 도덕적 실천의 자가 체크 리스트를 EPL 프로그램으로 만들어 보기 • 단원별 덕목을 실천할 수 있는 활동 설명서 만들기
수학	• 다각형을 표현하기 위한 방법을 수학적으로 이해한 다음 EPL 프로그램으로 다각형 그려보기 • 도형의 성질 추상화하여 나타내기
사회	• 우리 고장의 특색을 조사하고 자랑거리를 표현할 수 있는 EPL 프로그램 제작하기 • 우리나라 역사에 관련된 문제를 만들어 보고 다 함께 맞춰보는 퀴즈 EPL 프로그램 만들기
과학	• 햄스터 로봇 등을 활용하여 로봇의 속도를 제어하고 측정하여 빠르기를 학습하는 프로그램 제작하기
영어	• 언플러그드 활동을 통해 영어 단어를 표현하고 학습해 보기 • 햄스터 로봇을 활용하여 지도를 보고 지정된 위치까지 가는데 한 친구는 영어로 가는 길을 설명하고 다른 친구는 설명하는 말을 듣고 코딩만 하여 주어진 조건을 완료하는 활동하기
실과	• 진로 단원에서 자신의 진로를 탐색하고 실현해 가기 위한 과정을 순서도(Flow Chart)로 구성해 보기 • 요리 실습 단원에서 조리의 과정을 순서도로 제작해 보기 • 아두이노를 활용하여 특정한 조건에서 식물에게 물을 주는 장치 제작해 보기
체육	• EV3 또는 아두이노를 활용하여 학생들의 PAPS 능력치를 측정하는 프로그램 제작해 보기
음악	• 피지컬 컴퓨팅의 메이키 메이키 등과 같은 프로그램으로 교실 또는 복도에 소리 나는 피아노 발판 만들어 보기 • 랜덤 조합을 활용하여 작곡을 해보는 EPL 프로그램 만들어 보기
미술	• EV3 또는 아두이노를 활용하여 센서를 이용한 색깔 구분하여 표현하는 프로그램 제작해 보기 • 앱 인벤터 프로그램을 활용하여 그림판에 그림을 그리는 애플리케이션 프로그램 제작해 보기
창의적 체험 활동	• 다양한 언플러그드 활동을 위한 동아리 운영하기

학년   반   번
이름:

1. 우리 모둠에서 만들기로 결정한 요리와 필요한 재료를 정리해 봅시다.

요리 이름	재료

2. 요리를 만드는 과정을 순서도로 정리해 봅시다.

시작

끝

10. 소프트웨어(SW) 공개수업_
소프트웨어(SW) 수업을 위한
학습모델 적용하기

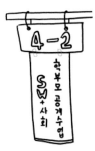

　학부모들이 자녀의 담임 선생님을 만나기란 생각보다 쉽지 않다. 아마 1년 동안 아이의 담임 선생님 이름이나 얼굴조차 모르고 지나가는 부모들도 제법 있을 것이다. 특히 고학년이 되면 될수록 그런 현상은 더 흔한 일이었다. 아무래도 저학년 학부모인 경우 자녀의 학교생활이 처음인 만큼 학부모의 역할도 초보인지라 학교에 관심도 많고 부부동반 방문상담도 드문 일은 아니었다. 고학년인 경우에는 학부모상담주간에도 방문상담보다는 전화 상담을 하거나 학부모 공개수업 날에 방문을 기약하기도 하였다. 학부모 공개수업에 온 학부모들은 자신의 자녀가 수업에는 잘 참여하는지 본 후 선생님과 특별한 문제가 없는지에 대해 짧은 이야기만 나누며 인사를 하는 경우가 많았다. 올해도 예상한 대로 학부모님들의 상담 일정을 받아본 결과 당연히 1, 2학년이 많았고 그다음이 3, 4, 5, 6학년 순이었다.

6학년 1반에 학부모 상담으로 신청이 들어온 건 8건이었다. 전화가 5건이었고 직접 오시는 분은 세 분이었다. 그래서 상담 일정에는 큰 부담이 없었다. 다만 걱정이 되고 염려되는 것은 학부모 공개수업이었다. 공개수업이 떨리고 걱정되는 것은 아마 수업을 하는 모든 교사들이 느끼는 감정일 것이다. 1년에 수백 번을 하는 수업이지만 학부모들 앞에서는 늘 떨렸다.

오늘 들어온 상담을 마치고 교실을 정리하는 도중 강 교사에게 일전에 빌려 사용한 하노이탑을 다시 돌려주기 위해 교실을 나섰다. 6학년 4반 교실에는 마침 강 교사도 자리에 있었고, 4학년 최 교사도 와 있었다. 4학년 최 교사는 강 교사보다 한, 두 해 정도 후배였는데 둘은 대학교 다닐 때 같은 부전공을 공부해서 예전부터 서로 알고 지낸 선후배 사이였다. 강 교사와 최 교사는 마침 금요일에 있을 학부모 공개수업에 대해 이야기하고 있었다.

최 교사: 아, 그렇게 수업을 진행하면 되겠네요. 그런데 4학년인데 아이들이 알고리즘 과정에 대해 이해하고 잘해 나갈 수 있을까요?

강 교사: 네가 4월부터 소프트웨어(SW) 관련 수업을 간간이 했었으니까. 아이들도 잘할 수 있을 것 같은데?

최 교사: 그렇긴 한데 아직 해보지 않은 형태의 수업이라 조금 염려가 되긴 하네요.

강 교사: 내가 보기엔 괜찮은데? 소프트웨어(SW) 수업을 하기 좋은 주제인 것 같아. 특히 순서도를 사용하기에 적당하고.

이 교사: 선생님, 4학년은 소프트웨어(SW) 관련 단원이나 내용이 없는데도 그렇게 수업을 짜셨어요?

최 교사: 네. 소프트웨어(SW) 연수도 좀 들었었고 관심도 있고 해서 조금씩 해 보고 있습니다. 부족한 점이 많아서 강 선생님한테 조언 좀 구하려고요.

이 교사: 대단하시네요. 정말… 저는 교과에 들어와서 겨우겨우 하고 있는데요. 공개수업 과목은 어떤 과목이세요?

최 교사: 사회과목이고요. 수업 주제는 우리 지역의 문제의 원인을 찾고 해결책 조사하기입니다. 수업 자체가 원인과 결과 그리고 해결책까지 일련의 순서로 수업이 진행되니까 컴퓨터가 알고리즘으로 문제를 해결하는 것처럼 해보려고요. 그러니까 이런 과정을 거치는 거죠.

최 교사: 이런 식으로 학생들이 순서도를 꾸미면 되긴 한데 뭔가 너무 단순히 문제에 접근하는 듯해서 한 번 더 학생들이 생각할 수 있는 기회를 주고 싶어요.

이 교사: 그러면 ⑥단계에서 ⑦단계로 바로 가기보다는 ⑥-1 〈실현가능한 해결책인가?〉를 넣으면 자신들이 만든 해결책에 대해 한 번 더 생각할 수 있게 할 수 있지 않을까요? 답변이 |예|로 나오면 ⑦단계로 나아가고 |아니요|로 나오면 다시 ⑤단계로 돌아가는 거죠.

강 교사: 그렇게 하면 되겠네요. 단순히 〈순차〉의 요소만 있던 것에서 〈조건〉이라는 요소도 포함하게 되네요.

최 교사: 이제 이런 아이디어를 조작할 수 있게 교구를 만드는 일만 남았네요. 고맙습니다. 이 선생님, 사실 혼자 좀 고민을 하고 있었거든요. 지도안은 짰지만 뭔가 손에 안 잡히는 듯한 기분이었는데 이제 좀 명확해지는 것 같아요.

이 교사: 제가 뭘 했다고요. 수업준비 열심히 하세요. 이 수업 교구 만드는 것도 제법 일이겠는데요?

최 교사: 넵! 감사합니다!

머칠 뒤 금요일이 되고 공개수업 날이 되었다. 6학년 공개수업은 2교시였다. 이 교사는 수학 교과로 공개수업을 하였다. 모둠별로 문제를 풀면서 게임도 하고 자신의 수준에 맞는 학습지를 찾아 풀고 확인하는 활동으로 진행하였다. 수업은 별 무리 없이 잘 마무리가 되었고 학부모님들과 간단히 복도에서 인사를 나누었다. 이렇게 학부모 공개수업 날이 되면 학교는 행사 분위기이다. 선생님들은 평소보다 더욱 단정하게 용모를 단장했고, 아이들도 부모님들 앞에서 잘하는 모습을 보이기 위해 긴장을 하고 있었다. 아무리 6학년이라도 긴장한 기색을 감추기에는 힘들었다. 고맙게도 장난치거나 잡담하는 아이도 없이 수업에 집중을 잘해주었다.

3교시는 음악 전담시간이었다. 이 교사는 2교시에 긴장되었던 마음을 풀기 위해 연구실로 가려다가 4학년 교실로 발걸음을 옮겼다. 3교시에는 4학년의 공개수업이 있을 예정인데 함께 공개수업 이야기를 나누었던 최 교사의 소프트웨어(SW) 수업이 궁금했던 것이다.

며칠 전 이야기 한 것처럼 순서도를 학생들이 펠트 지에 떼었다 붙였다 하며 자신들의 해결책을 만들고 있었다. 이 교사는 교실 한쪽에 놓인 교수학습 지도안을 살펴보았다. 학생들이 문제 해결을 위한 질문부터 답변까지 만들어 갔다. 답변도 단순히 자신의 생각에서 도출하는 것이 아니라 자료 조사를 통해 해결책을 제시하는 방식이었다.

이 교사는 소프트웨어(SW) 수업이 컴퓨터와 관련된 영역이어서 실과에 도입되었지만, 절차적 사고와 인과적 사고를 신장시키고 이용하는 과목이라면 교사의 역량에 따라 충분히 소프트웨어(SW) 수업 방법 적용이 가능하다는 것을 느꼈다.

교육용 프로그래밍 언어수업 모델 유형

구분	관련교육 방법	절차	설명
시연 중심 (DMM)	직접교수	시연 (Demonstration)	교사의 설명과 시범, 표준 모델 제시
		모방(Modeling)	학생 모방하기, 질문과 대답
		제작(Making)	단계적·독립적 연습, 반복활동을 통한 기능 습득
재구성 중심 (UMC)	발견 학습	놀이(Use)	학습자 체험활동, 관찰과 탐색
		수정 (Modify)	교사가 의도적으로 모듈 및 알고리즘을 변형하여 제시
		재구성(reCreate)	놀이와 수정 활동을 확장하여 자신만의 프로그램 설계·제작
개발 중심 (DDD)	탐구 학습	탐구 (Discovery)	탐색과 발견을 통한 지식구성
		설계 (Design)	알고리즘 계획 및 설계
		개발(Development)	프로그래밍 언어로 구현 및 피드백
디자인 중심 (NDIS)	프로젝트 학습	요구분석(Needs)	주어진 문제에 대한 고찰과 사용자 중심의 요구 분석
		디자인(Design)	분해와 패턴 찾기, 알고리즘의 설계
		구현 (Implementation)	프로그래밍과 피지컬 컴퓨팅으로 산출물 구현
		공유 (Share)	산출물 공유와 피드백을 통한 자기 성찰

		분해 (Decomposition)	컴퓨터가 해결가능한 단위로 문제 분해
CT요소 중심 (DPAA(P))	문제해결 학습	패턴 인식 (Pattern Recognition)	반복되는 일정한 경향 및 규칙의 탐색
		추상화 (Abstraction)	문제 단순화, 패턴 인식으로 발견한 원리 공식화
		알고리즘 (Algorithm)	추상화된 핵심 원리를 절차적으로 구성
		프로그래밍 (Programming)	컴퓨터가 이해할 수 있는 언어로 구현·실현

일시	20△△. 05. 18. (금)	장소	4학년 2반	대상	남12 여11	지도 교사	최○○
단원	3. 지역의 공공 기관과 주민참여			차시	10/15차시	교과서	121-125쪽
본시 주제	알고리즘 과정을 활용하여 우리 지역의 문제 해결하기						
학습 목표	알고리즘 과정으로 우리 지역의 문제를 해결할 수 있다.						

좋은 수업 전략	소프트웨어 교수·학습 전략	1. 알고리즘 과정을 이용하여 지역 문제를 해결한다. 2. 순서도를 정리하며 절차적 사고에 대하여 이해한다.	교수·학습모형	문제해결수업모형
			소프트웨어 학습모형	개발중심(DDD)모델
			학습조직	개별 - 모둠 - 전체
	학습자 역량	협업(∨), 의사소통능력(∨), 문제해결력(∨), 창의력 ( ), 자기주도학습력(∨), 정보활용능력(∨), 유연성( )		
	사전 활동	순서도에 대한 개념 익히기		
	활용도구	교사용 PC, 60인치 TV, 스마트패드, 노트북,		
	교수·학습 자료 / 교사	동기유발 자료, 교사용 PC, 알고리즘 순서도 시작·끝 모형, 모둠별 패드 및 노트북 등 조사기기		
	교수·학습 자료 / 학생	문제해결 알고리즘판, 문제 원인 확인자료		

단계	학습 과정	교수·학습활동	시간	자료(♣) 및 유의점(※)
도입	동기유발	◉동기유발 • 학생들이 흥미를 유발할 자료를 제시하여 학습동기를 유발한다. T: 모둠별 지역의 문제는 어떤 것들이 있었습니까? [시작] [지역의 문제는?] [예시 쓰레기가 함부로 버려지는 문제] S1: 저희 모둠에서는 쓰레기 문제가 있었습니다. S2: 층간소음 문제가 있었습니다. **공부할 문제** 알고리즘 과정으로 우리 지역의 문제를 해결해 봅시다.	5′	♣ 동기유발 자료, 알고리즘 순서도 시작·끝 모형 ※ 동기유발 자료를 통해 학생들의 동기가 유발되도록 한다. ※ 학생들이 알고리즘의 과정에 대해 다시 한 번 확인할 수 있도록 제시한다.
	공부할 문제 파악 공부할 순서 확인	◉ 공부할 순서 【활동1】 어떤 과정으로 해결할까요? 【활동2】 원인과 해결책은 무엇일까요? 【활동3】 해결책을 알려주세요.		
전개	문제 해결과정 파악 (탐구)	**활동1**	**어떤 과정으로 해결할까요?** ◉문제해결과정 탐구 • 알고리즘 과정에서 어떤 과정으로 해결될지 파악한다. T: 모둠별 문제를 해결하기 위해서는 어떤 물음이 필요할까요? [문제의 원인은?] [문제의 해결책은?] S1: 문제의 원인과 해결책을 찾아봐야 합니다.	5′	♣ 문제 원인 확인 자료 ※ 순서도에서 지역의 문제를 파악할 수 있도록 한다.

단계	학습 과정	교수·학습활동	시간	자료(♣) 및 유의점(※)
	원인, 해결책 탐구 (설계)	**활동2** 원인과 해결책은 무엇일까요? ◉ 문제 발생 원인 파악 • 알고리즘 과정을 통해 지역 문제에서 문제 원인을 파악한다. T: 지역문제가 발생한 원인은 무엇일까요? 【문제의 원인은?】 S1: 쓰레기 버리는 곳 주변에 쓰레기통이 없기 때문입니다. 【예시) 쓰레기를 버리는 휴지통 부족】 ◉ 문제 해결 방안 탐색 • 제시된 문제를 해결하기 위한 해결 방안을 탐색한다. - 모둠별로 문제 해결을 위한 방안을 탐색해 봅시다. T: 지역 문제를 해결하기 위한 해결책을 탐색해 봅시다. 【문제의 해결책은?】 S1: 쓰레기 버리는 곳 주변에 쓰레기통이 없기 때문입니다. 【예시) CCTV를 설치합니다.】	15′	♣ 모둠별 패드 및 노트북 등 조사기기, 문제해결 알고리즘판 ※ 알고리즘을 기반으로 모둠별 문제 해결 방안을 탐색하도록 한다.
	해결방안 공유 (개발)	**활동3** 해결책을 알려주세요. ◉ 문제 해결 방안 설정 • 지역 문제에 따른 원인과 해결 과정 발표하기 T: 모둠별로 지역 문제를 해결하기 위해 어떤 해결책이 나왔는지 공유하여 봅시다. T: 각 모둠에서 나온 해결책이 실현 가능한지 생각해 봅시다. T2: 다른 모둠의 문제에 대해 다른 좋은 해결책이 떠오른다면 발표해 봅시다. 【시작】→【지역의 문제는?】→【예시) 사람들이 쓰레기를 함부로 버림】→【문제의 원인은?】→【예시) 쓰레기 버리는 휴지통 부족】→【문제의 해결책은?】→【예시) CCTV를 설치합니다.】→【실현 가능한가?】→【끝】 -저희 모둠에서는 지역의 문제가 쓰레기를 함부로 버리는 것이었습니다. -문제 원인으로는 첫째 쓰레기통의 부족, 둘째 감시하는 사람의 부족이었습니다. -해결책으로는 첫째 쓰레기통 설치, 둘째 CCTV 설치를 시청에 건의하기로 정하였습니다.	10′	♣ 모둠 지역 문제 해결 알고리즘 발표 자료 ※ 알고리즘으로 문제를 해결한 과정이 잘 드러나도록 발표한다. ※ 다른 모둠의 발표에 경청하는 태도를 갖게 하고 자신이라면 어떤 해결책을 냈을지 생각하게 한다.
정리	학습 내용 정리	◉ 학습 내용 정리 • 지역의 문제에 따른 원인과 해결책 정리하기 - 우리 반에서 나온 지역의 문제와 해결책을 확인해 봅시다.	5′	※ 문제 해결책을 보면서 실천 마음을 다지도록 한다.

	평가 방법	평가내용	구분	평가 기준	평가 시기
평가 계획	관찰법	알고리즘 과정을 활용하여 문제 해결 방안을 선택, 활용할 수 있는가?	잘함	알고리즘 의사결정 과정을 활용하여 지역 문제 해결 방안을 제시할 수 있음.	활동 2
			보통	지역 문제 원인에 따른 해결 방안을 알고 말할 수 있음.	
			노력 요함	지역 문제는 알고 있으나 해결 방안을 잘 알지 못함.	

11. 교육용 프로그래밍 언어(EPL)_ 엔트리 알아보기

교사에게 수업 장소를 바꾸는 것은 꽤 신경 쓰이는 일이다. 과학 수업을 위해 보다 안전한 실험 환경이 갖춰져 있는 과학실에 가거나 활동적이고 공간 활용이 높은 체육 수업을 위해 체육관이나 운동장에 가는 등 효과적인 수업을 위해 수업 장소를 옮기지만 여느 교사들에게는 제법 부담되는 일이었다. 이 교사 또한 마찬가지였다. 주로 자기반 교실에서 수업하길 원했다. 무엇보다 학생들이 교실이 아닌 장소에서는 익숙하지 않기 때문에 산만해지거나 주의력을 잃는 경우가 많았다. 그래서 특별실보다는 주로 교실에서 수업하고 주로 과학이나 체육같이 전담 선생님께서 수업하는 경우만 이동 수업을 하였다. 그런데 1교시를 마치고 쉬는 시간, 반 학생 몇 명이 찾아와 이동 수업을 하자고 졸랐다.

학생 1:	선생님! 저희도 컴퓨터실 가서 수업해요.
학생 2:	맞아요. 선생님, 4반은 오늘도 컴퓨터실 간대요. 저번 주 창체 시간에도 갔는데 오늘 창체 시간에도 컴퓨터실 간대요.
이 교사:	4반은 컴퓨터실에서 할 공부가 있겠지. 우리는 교실에서 수업해도 충분하니까 오늘은 교실에서 수업하자.
학생 1:	들어보니까 컴퓨터실에서 소프트웨어(SW) 수업한대요. 선생님! 저희도 소프트웨어(SW) 수업 창체 시간에 하니까, 컴퓨터실 가요.
이 교사:	오늘 우리 창체 시간에는 인성 교육 할 거야. 그럼 다음 소프트웨어(SW) 수업시간에는 컴퓨터실로 가든지 생각해보자.

그러고 보면 강 교사는 곧잘 학생들을 데리고 컴퓨터실로 가서 수업하곤 했다. 그런 4반 아이들을 보면 이 교사네 반 학생들은 부러워하며 우리도 컴퓨터실 수업을 하자고 가끔 떼를 쓰기도 하였다. 이 교사가 학생들을 데리고 컴퓨터실에 찾아가는 경우는 1년 중에 매우 드물고 손에 꼽을 정도였다. 그 이유로는 여러 가지가 있었는데 컴퓨터실에서는 일단 학생들 관리가 힘들었다. 아무런 기기도 없는 일반 교실에서도 산만한 아이들이 보이는데 자기들이 좋아하는 컴퓨터가 있으면 얼마나 집중을 하지 못할지 걱정이 앞섰다. 또한 따로 컴퓨터 관련 교과서가 있는 것도 아니어서 짜임새 있는 수업을 진행하기 어려웠다. 부득이하게 컴퓨터실로 가는 경우는 사회나 국어 과목에서 자료 조사 또는 컴퓨터를 이용한 작품제작 등과 관련된 수업을 할 때뿐이었다. 때마침 목요일은 6학년이 컴퓨터실을 사용하는 날이고 창의적

체험활동 시간도 있기 때문에 강 교사는 자주 컴퓨터실에서 수업하였다. 더군다나 학부모 공개수업도 컴퓨터실에서 소프트웨어(SW)와 관련해서 공개수업을 했다.

어느 정도 경력이 쌓이고 공개수업을 반복하다 보면 누구나 자신 있는 과목을 택하고 준비한다. 국어, 사회, 수학 등 주지 교과를 선택하는 교사도 있는 반면 체육, 실과, 음악, 미술 등 예체능 과목을 정해 공개수업을 하는 교사도 있었다. 강 교사의 경우는 후자에 속했다. 그 것도 일반적인 예체능이 아니라 창의적 체험활동을 택해 소프트웨어(SW) 수업을 설계했다. 이 교사는 강 교사의 소프트웨어(SW) 수업이 궁금하였지만, 공개수업 시간이 같은 시간이라 참관하지는 못하였다. 마음 같아서는 컴퓨터실에서 어떻게 수업을 하는지 궁금하여 참관하고 싶었지만 다른 교사가 자신의 수업을 참관하는 것은 적잖은 부담이 되는 것을 알기에 이 교사는 나중에 수업 팁을 물어보기로 하였다. 때마침 오늘은 부장회의 후에 전달사항이 있어 동학년 협의회를 하는 날이었다.

부장회의 전달사항을 전달하고 잠시 담소를 나눌 짬이 났다. 그 시간에 이 교사는 강 교사에게 오늘 컴퓨터실 수업에 대해 물어보았다.

이 교사: 선생님, 오늘도 컴퓨터실 가시던데 아이들이 많이 산만해 하지 않던가요?

강 교사: 컴퓨터실에서 아무래도 좀 아이들이 산만해지지요. 저희 반 아이들은 이제 컴퓨터실에 익숙해져서 처음처럼 산만하지는 않아요. 그리고 직접 코딩해봐야 이해가

잘되는 부분도 있어서 자주 가려고 노력해요.

서 교사: 컴퓨터실 수업이 아이들은 재미있어 하는 것 같긴 한데 실과 교과서에도 컴퓨터 활용 수업이 몇 시간 없지 않아요?

강 교사: 그래서 실과 시간뿐만 아니라 창체 시간에도 가요.

서 교사: 아, 창체 시간에도 가시는군요? 창체 시간에는 주로 어떤 활동하세요?

강 교사: 엔트리를 이용하면 생각보다 자료가 많아 어렵지 않게 수업을 구상할 수 있어요. 쉬운 자료들도 많고 어려운 자료도 많아서 수준별로 다양한 수업을 하실 수도 있고요. 그러고 보니 다음 주에 소프트웨어(SW) 연수로 강사분이 오셔서 연수하실 건데 그때 컴퓨터실에서 한번 실습해 보시죠.

이 교사: 다음 주 연수가 있었죠? 그럼 이번에 엔트리를 해 보는 건가요?

강 교사: 네. 그분 강의계획서 보니까 엔트리를 이용해서 실습 위주로 수업하실 거예요. 게임처럼 미션 해결하는 느낌이 들어서 재미있으실 거예요.

이 교사: 잘됐네요. 다음 주에 배워서 아이들 좀 데리고 컴퓨터실 가봐야겠어요. 오늘 컴퓨터실 가자고 엄청 조르는 걸 겨우 설득했거든요.

강 교사: 전 이렇게 수업을 하니까 가장 좋은 점은 학습 부진인 아이들도 즐겁게 참여하는 것이었어요. 학생들이 이해하기 쉽게 만들어져 있긴 하지만 EPL이라는 교육용 컴퓨팅 언어를 배우는 활동이라 헤매는 아이가 있지 않

을까 걱정했는데 그래도 깊게 생각하고 금방 적응하더라고요. 스마트 기기를 요즘 2~3살 아이들도 만지면서 유튜브 보고 하는 것도 그렇고, 확실히 요즘 아이들은 컴퓨터나 스마트폰 쪽으로는 사고력이 깨어 있는 느낌이에요.

서 교사: 엔트리와 스크래치는 알겠는데 EPL은 무슨 뜻인가요?

강 교사: C, C++과 같은 일반적인 프로그래밍 언어 대부분은 영어 텍스트를 기반으로 이루어져 있어서 다소 복잡한 문법체계를 가지고 있어요. 이에 반해 **교육용 프로그래밍 언어(Educational Programming Language, EPL)는 블록을 조립하여 프로그래밍**하는 것과 같이 **일반적인 프로그래밍 언어에 비해 손쉬운 문법과 사용법을 갖춘 언어**를 말하지요. 엔트리와 스크래치와 같은 교육용 프로그래밍 언어로는 학생들 누구나 쉽게 프로그래밍을 하고 빠르게 결과를 확인할 수 있다는 장점이 있지요.

서 교사: 아하 그런 뜻이었군요.

이 교사: 그리고 확실히 소프트웨어(SW) 수업이 학습 부진인 아이들에게 효과가 있는 듯해요. 저희 반에 있는 도움반 친구 아시죠? 발달 장애가 있어 다른 과목 수업은 그렇게 힘들어하면서도 소프트웨어(SW) 수업에는 엄청 잘 참여해요.

강 교사: 저희 반에서는 특히 공부에 관심 없던 남학생들이 제법 많은 관심을 가지더라고요. 아마 게임하는 느낌이 많이 들어서 그런 것 같아요.

어느새 퇴근 시간이 다 되어 선생님들은 자신들의 짐을 챙겨 일어났다. 이 교사도 책상 위를 정리하고 다음 날 아침에 아이들이 할 일들을 칠판에 붙여 놓았다. 그리고는 컴퓨터를 종료하기 전에 검색창에 '엔트리'라고 검색을 하고 회원가입을 하였다.

엔트리(EPL)

□ 엔트리 기본 화면 살펴보기

❶ 엔트리는: 엔트리 소개 페이지
❷ 학습하기: 활동 해결 페이지
❸ 만들기: 프로젝트 만들기
❹ 구경하기: 다른 프로젝트 구경하기
❺ 글나누기: 질문, 답변하는 게시판
❻ 로그인: 로그인하기(아이디, 암호)
❼ 가입하기: 가입화면으로 이동

□ 엔트리 기본 화면 살펴보기

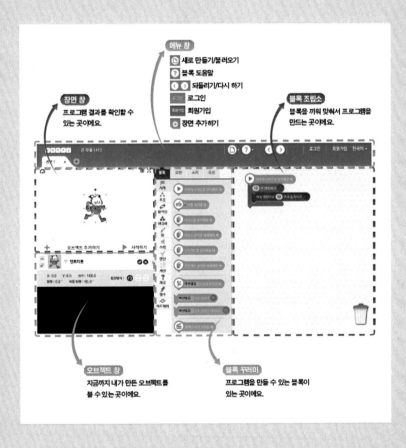

메뉴 창
- 새로 만들기/불러오기
- 블록 도움말
- 되돌리기/다시 하기
- 로그인
- 회원가입
- 장면 추가하기

장면 창
프로그램 결과를 확인할 수 있는 곳이에요.

블록 조립소
블록을 끼워 맞춰서 프로그램을 만드는 곳이에요.

오브젝트 창
지금까지 내가 만든 오브젝트를 볼 수 있는 곳이에요.

블록 꾸러미
프로그램을 만들 수 있는 블록이 있는 곳이에요.

□ 엔트리 기본 화면 살펴보기

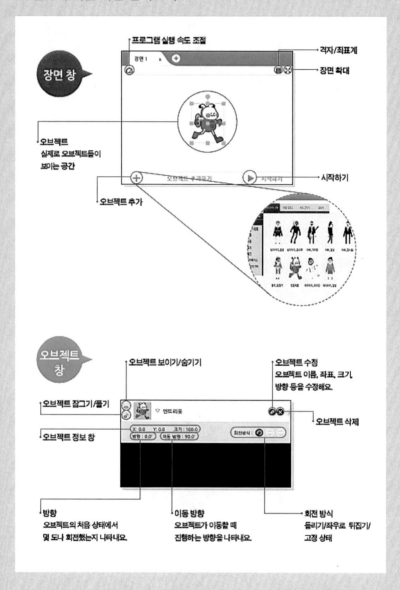

□ 엔트리 기본 화면 살펴보기

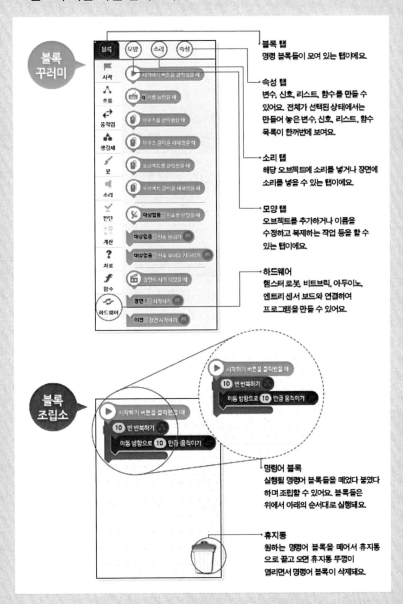

블록 꾸러미

블록 탭
명령 블록들이 모여 있는 탭이에요.

속성 탭
변수, 신호, 리스트, 함수를 만들 수 있어요. 전체가 선택된 상태에서는 만들어 놓은 변수, 신호, 리스트, 함수 목록이 한꺼번에 보여요.

소리 탭
해당 오브젝트에 소리를 넣거나 장면에 소리를 넣을 수 있는 탭이에요.

모양 탭
오브젝트를 추가하거나 이름을 수정하고 복제하는 작업 등을 할 수 있는 탭이에요.

하드웨어
햄스터 로봇, 비트브릭, 아두이노, 엔트리 센서 보드와 연결하여 프로그램을 만들 수 있어요.

블록 조립소

명령어 블록
실행될 명령어 블록들을 떼었다 붙였다 하며 조립할 수 있어요. 블록들은 위에서 아래의 순서대로 실행돼요.

휴지통
원하는 명령어 블록을 떼어서 휴지통으로 끌고 오면 휴지통 뚜껑이 열리면서 명령어 블록이 삭제돼요.

※ 출처 : 소프트웨어와 함께하는 창의력 여행(2016, 교육부) p.42-45

SW이론 5

스크래치(EPL)

□ 스크래치 기본 화면 살펴보기

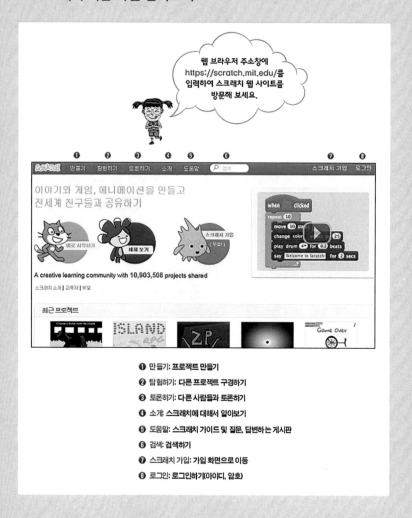

❶ 만들기: 프로젝트 만들기

❷ 탐험하기: 다른 프로젝트 구경하기

❸ 토론하기: 다른 사람들과 토론하기

❹ 소개: 스크래치에 대해서 알아보기

❺ 도움말: 스크래치 가이드 및 질문, 답변하는 게시판

❻ 검색: 검색하기

❼ 스크래치 가입: 가입 화면으로 이동

❽ 로그인: 로그인하기(아이디, 암호)

□ 스크래치 기본 화면 살펴보기

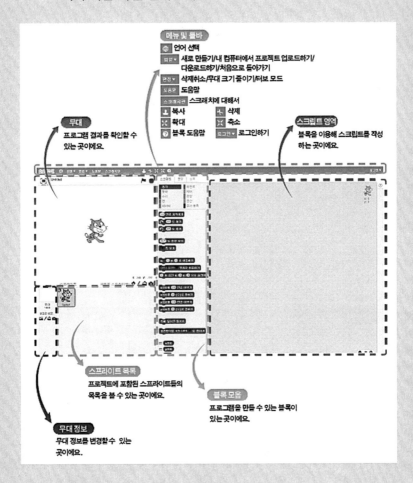

□ 스크래치 기본 화면 살펴보기

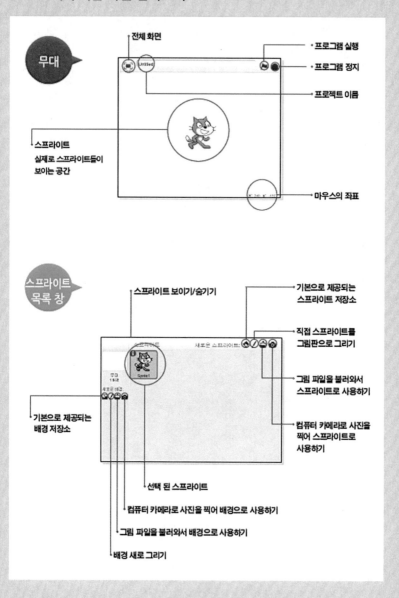

전체 화면

무대

프로그램 실행

프로그램 정지

프로젝트 이름

스프라이트
실제로 스프라이트들이
보이는 공간

마우스의 좌표

스프라이트
목록 창

스프라이트 보이기/숨기기

기본으로 제공되는
스프라이트 저장소

직접 스프라이트를
그림판으로 그리기

그림 파일을 불러와서
스프라이트로 사용하기

컴퓨터 카메라로 사진을
찍어 스프라이트로
사용하기

기본으로 제공되는
배경 저장소

선택 된 스프라이트

컴퓨터 카메라로 사진을 찍어 배경으로 사용하기

그림 파일을 불러와서 배경으로 사용하기

배경 새로 그리기

□ 스크래치 기본 화면 살펴보기

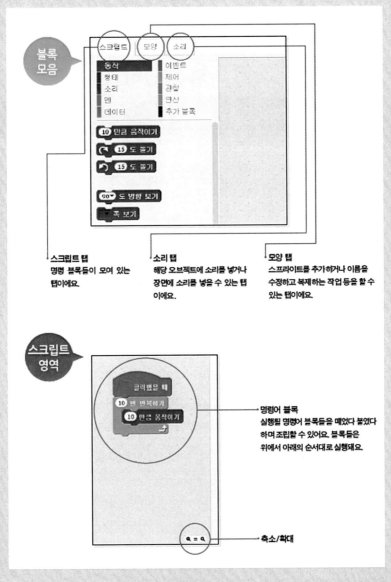

블록
모음

스크립트 탭
명령 블록들이 모여 있는
탭이에요.

소리 탭
해당 오브젝트에 소리를 넣거나
장면에 소리를 넣을 수 있는 탭
이에요.

모양 탭
스프라이트를 추가하거나 이름을
수정하고 복제하는 작업 등을 할 수
있는 탭이에요.

스크립트
영역

명령어 블록
실행될 명령어 블록들을 떼었다 붙였다
하며 조립할 수 있어요. 블록들은
위에서 아래의 순서대로 실행돼요.

축소/확대

※ 출처 : 소프트웨어와 함께하는 창의력 여행(2016, 교육부) p.60-63

12. 엔트리_기본 기능 연습하기
(순차, 반복, 조건)

　주말은 늘 쏜살같이 지나간다. 주말이 되었다고 해서 미혼 때처럼 편히 쉬거나 맘껏 늦잠을 잘 수 없었다. 아이들은 주말이 되면 어디든 나들이를 가고 싶어 하고 밀린 집안일도 해야 하기 때문에 어찌 보면 주말이 더 고되기도 하였다. 다행히 일요일 오후에는 별다른 집안일도 없었고 늦은 점심을 겸한 저녁도 남편인 유 교사가 도맡아 차렸다. 주말이면 남편이 아이들과 같이 먹고 싶은 것을 이야기해서 마트에서 장도 보고 요리도 하며 이 교사를 쉬게 해주었다. 덕분에 월요병이 조금은 덜한 듯하여 큰 스트레스 없이 일주일을 시작할 수 있었다. 6교시 수업을 마치고 청소당번인 아이들까지 다 보내자 방송이 울렸다. 교무선생님의 목소리였다.

　'잠시 후 3시 10분부터 컴퓨터실에서 소프트웨어(SW) 교직원 연수

가 있습니다. 모든 선생님들께서는 늦지 않게 참석해주시기 바랍니다. 다시 한 번 알립니다…'

방송을 듣고는 오늘 오후에는 소프트웨어(SW) 연수가 예정되어 있다는 것을 깨달았다. 아침에 일과를 확인했지만 깜빡하고 있었다. 컴퓨터실은 신관 건물에 있었다. 그리고 이번 연수는 5시까지 계획되어 있어서 이 교사는 퇴근할 준비를 해서 컴퓨터실로 가기로 하였다. 문단속하고 에어컨을 껐다. 요즘은 에어컨이 중앙제어식이라 깜빡하고 전원을 끄지 않아도 밤새도록 작동되는 일은 잘 없지만, 혹시나 모를 일이었다. 동학년 선생님들과 같이 컴퓨터실로 올라갔다. 이미 강 교사는 연수준비를 위해 컴퓨터실에 와 있었다. 컴퓨터실 입구에는 간단한 다과와 음료가 준비되어 있었다. 유난히 더웠는데 컴퓨터실은 에어컨이 잘 틀어져 있어 상쾌한 느낌이 들었다.

어느 정도 선생님들이 모이자 잠시 후 간단한 전달사항 안내가 있었다. 2주에 한 번씩 있는 교직원 회의를 연수에 양보한 터라 급하게 전달사항이 있는 업무들만 잠시 짬을 내어 전달하는 것이었다. 주로 여름방학 복무나 학기 말 나이스 성적 처리와 관련된 내용이었다. 자세한 내용은 차후에 더 안내하겠지만 이제 슬슬 수행평가 결과를 정리하고 학생 평가 작업을 끝낼 시기가 다가오고 있었다.

전달사항들이 다 전해지자 본격적인 연수가 시작되었다. 연수 내용은 주로 EPL과 관련된 내용이었다. 아무래도 언플러그드나 알고리즘 수업은 비교적 익숙한 편이라 자료도 많은 편이고 교사들끼리 연구하여 활용할 수 있는 수업이었기에 소프트웨어(SW) 수업을 해보지 않은 교사들에게는 낯설고 어려울 수 있는 EPL 내용으로 실습 위주의 연수가 진행되었다. 내심 이 교사는 '엔트리를 어떻게 시작해서 아이들에게 적용해야 하나'라고 고민했는데 고민이 해결되는 느낌이었다.

먼저 선생님들은 회원가입을 하였다. 강사 선생님은 엔트리 사이트의 가장 큰 매력 중 하나로 손쉬운 회원가입을 들었다. 선생님들은 일단 학생 아이디로 회원가입을 하였다. 이 교사도 지난주에 교사 아이디를 만들었기에 학생 회원가입을 선택하여 새로 아이디를 만들어 보았다. 갖가지 개인정보들을 묻는 일반 사이트보다 입력해야 하는 정보들이 확실히 적었다. ① 아이디, ② 비밀번호, ③ 교사 또는 학생, ④ 학년, ⑤ 성별 등만 입력하면 되었다. 이름, 주민등록번호, 전화번호 등을 묻는 타 사이트보다 확실히 간편하였다. 보통 초등학생들이 어떤 사이트에 가입하고 활동을 하기 위해서는 만 14세 미만이므로 부모님의 동의를 받아야 하기 때문에 많이 번거로웠다. 그에 비해 엔트리는 학생들이 자신의 아이디, 비밀번호만 잘 기억해 놓으면 손쉽게 가입하고 사용할 수 있었다. 회원가입을 하고 다른 사람들이 만든 작품들을 클릭하니 어렸을 때 가끔 했던 미니게임들이 많이 나왔다. 두더지 잡기나 내려오는 비 피하기 등 단순한 게임들이었다.

〈엔트리 시작 화면〉

강사: 선생님, 회원 가입 다 하셨으면 엔트리 화면 우측 상단에 보시면 〈나의 학급〉 메뉴가 보이실 거예요. 거기에 학급 코드를 넣으셔서 제가 만든 학급에 가입해주세

요. 학급 코드란 URL을 치지 않고 원하는 학급에 바로 접속 가능한 인증 코드입니다. 학급명은 〈찾아가는 소프트웨어(SW)연수 1기〉입니다.

이 교사는 학급을 만들 수 있다는 것을 처음 알았다. 며칠 전에 회원가입한 후 만지작거린 적은 있었지만 이렇게 자신만의 학급을 만들 수 있는 메뉴는 찾아보지 못했던 것이다.

강사: 선생님, 다들 가입하신 것 같네요. 아마 엔트리를 이용하여 교육용 프로그래밍 언어 EPL을 가르치시다 보면 이렇게 학급을 만드는 것이 유용하실 거예요. 생각보다 이 학급 기능을 잘 만들어 놨거든요.

먼저, 엔트리 학급에서는 과제를 제시하고 학생들이 과제를 제출할 수 있습니다. 이건 선생님들께서 직접 과제를 수행하시면서 알아보실 거예요.

둘째, 학생들끼리 서로의 작품을 확인하고 동료 피드백이 가능합니다.

셋째, 학생 수준에 맞는 과제를 학생 스스로 선택하여 선택 학습에 대한 부담이 적습니다.

넷째, 강의들이 오픈된 강의로 올라와 있어서 학생들이 복습하고 싶을 때는 언제든지 복습도 가능하죠.

이제 첫 번째 강의부터 선생님들 스스로 한 번 해보실까요? 먼저 〈강의1. 순차 미션 해결하기〉부터 시작하겠습니다.

엔트리 강의에 나온 내용 및 순서는 순서도 알고리즘을 처음 도입할 때의 내용과 유사하였다. 제일 처음 순차, 반복, 조건 등의 순서로 과제가 주어졌다. 〈순차〉와 관련된 과제는 마우스를 따라다니는 물고기 만들기, 〈반복〉과 관련된 과제는 도장으로 꽃잎 찍기, 〈조건〉과 관련된 과제는 로봇 청소기 만들기였다. 강사 선생님은 처음에는 각자가 미션에 알맞은 블록을 사용해서 설계하도록 하였다. 그런 식으로 하니 시행 결과는 같았지만, 코드 설계에 사용한 블록들의 종류와 개수들은 조금씩 차이가 있었다. 예를 들어 〈반복〉 구조인 꽃잎 도장 찍기를 설계하였을 때 이 교사와 박 교사가 설계한 코드는 다음과 같은 차이가 있었다.

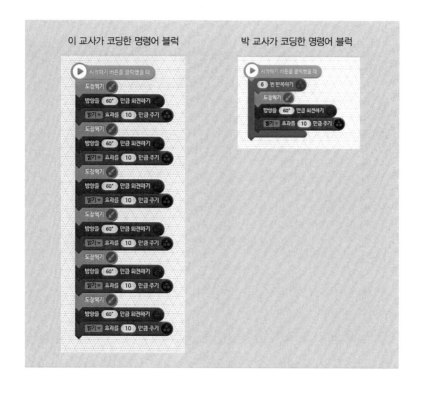

강사: 선생님, 블록들을 다 옮겨서 실행해보셨나요? 한 번 옆에 계신 선생님과 비교해 보시겠어요? 아마 완전히 같

지는 않으실 거예요.

선생님 1: 그렇네요. 선생님마다 사용한 명령어 블록이 다르네요.

강사: 맞습니다. 이렇게 서로 다른 명령어로 같은 결과를 얻었을 때 수업은 더 효과적이 될 수 있습니다. 아이들은 어떤 코딩이 더 유용하고 효율적인지 직접 비교해 보고 다양한 해결 과정을 이끌어낼 수 있죠. 선생님들도 서로 사용한 명령어 블록이 어떻게 다른지 자세히 살펴보시고 비교해보세요.

　두 시간이란 연수는 엔트리 기능이나 수업의 일부분만 소개하고 체험하기에도 짧은 시간이었다. 그래서 마지막 10여 분은 강사 선생님이 엔트리에서 할 수 있는 다양한 코딩 작업과 피지컬 컴퓨팅을 이용한 교구들을 보여 주는 것으로 연수를 마무리 지었다. 이 교사는 '6학년 1반' 학급을 만들고 오늘 배운 〈순차〉, 〈반복〉, 〈조건〉을 활용한 과제와 강의를 학급방에 올렸다. 또한 아이들이 좋아할 만한 간단한 게임들도 학급방에 업로드하였다. 각 강의를 직접 만들 필요는 없었다. 사이트 내 검색을 통해 이미 많은 사람들이 만들어 놓은 작품들을 퍼와서 학급방에 업로드할 수 있었다. 이렇게 강의들을 업로드하니 제법 그럴듯한 학급 홈페이지가 만들어졌다. 이번 주에는 아이들을 데리고 컴퓨터실을 가봐야겠다는 생각을 가지며 컴퓨터의 전원을 껐다.

　연수 다음 날.

이 교사: 여러분, 이번 주 목요일 창의적 체험활동 시간에는 컴퓨터실 갈 거예요. 그렇게 알고 준비하세요.

아이들: 와아!

학생 활동 예시1. 〈순차〉

시작하기 버튼을 클릭했을 때
좌우 모양 뒤집기
2 초 기다리기
야옹~! 을(를) 2 초 동안 말하기 ▼
2 초 기다리기
잘가! 을(를) 2 초 동안 말하기 ▼

http://goo.gl/6XgnYZ

학생 활동 예시2. 〈반복〉

시작하기 버튼을 클릭했을 때
6 번 반복하기
도장찍기
방향을 60° 만큼 회전하기
밝기 ▼ 효과를 10 만큼 주기

http://goo.gl/6XgnYZ

학생 활동 예시3. 〈조건〉

시작하기 버튼을 클릭했을 때
계속 반복하기
이동 방향으로 10 만큼 움직이기
만일 벽 ▼ 에 닿았는가? 이라면
방향을 133° 만큼 회전하기
만일 보조테이블 ▼ 에 닿았는가? 이라면
방향을 133° 만큼 회전하기
만일 숟가락 ▼ 에 닿았는가? 이라면
반복 중단하기

시작하기 버튼을 클릭했을 때
붓의 색을 █ (으)로 정하기
붓의 굵기를 70 (으)로 정하기
그리기 시작하기

http://goo.gl/YZORIA

2학기

13. 엔트리_나만의 프로그램 만들기
(변수, 함수)

　지나간 시간을 되돌려 보면 어느 시간이든 짧게 느껴지고 금방 지나간 듯해 보인다. 어느덧 1학기를 마무리하는 7월이 되었고 교사들은 여름방학 준비를 시작하였다. 무더위가 찾아왔고 더위에 점점 지쳐가지만, 방학이 오고 있으니 그나마 위로가 되었다. 하지만 방학도 예전처럼 그렇게 마음대로 쉴 수 있는 환경이 아니었다. 인성, 안전 등 의무적으로 이수해야 하는 주제의 연수가 많았고, 모든 학교에 전달해야 할 내용들을 모아 교육청에서 주관하는 연수에도 각 학교당 정해진 인원수만큼 참여해야 했다. 방학이 다가오면 교육청별로 각종 연수 관련 공문이 보내져 온다.

　애당초 이 교사는 여름방학에 듣고 싶은 연수를 하나는 정해 놓고 있었다. 바로 소프트웨어(SW) 연수였다. 소프트웨어(SW) 연수도 다른 연수처럼 학교별로 몇 퍼센트의 목표치를 정해 놓고 교사들이 이수할 수 있도록 하였다. 이미 제법 많은 선생님들이 원격 연수나 집합 연수를 이수했었다. 이 교사는 겉핥기식의 짧은 연수 대신 이번 방학을 기회로 소프트웨어(SW) 교육에 대하여 제대로 알 수 있는 집합 연수를 들을 계획이었다. 연수 장소도 이 교사 집 근처라 많이 부담되지 않는 거리였다. 방학이 시작됨과 동시에 거의 모든 연수들이 2주간에 걸쳐 진행된다. 각 연수에 따라 짧게는 하루에서 3일 정도 받는 연수도 있고 보통은 일주일에서 많게는 2주 동안 받는 연수도 있다. 소프트웨어(SW) 연수는 3일에 걸쳐 이루어질 예정이었다. 연수 일정은 첫째 날에는 '엔트리', 둘째 날에는 '피지컬컴퓨팅', 셋째 날에는 '소프트웨어(SW) 교육과정 설계' 내용으로 구성되어 있었다.

일단 연수를 신청하고 연수지명번호부터 지정해 두었다. 연수에 관한 건 여름방학이 시작되면 조금 여유 있게 생각해도 될 일이었다. 이제부터는 슬슬 학기 말 업무에 몰입해야 했기 때문이다. 학기 말에는 다양하면서도 전형적인 업무들이 있었다. 첫째, 학기 초에 수립하였던 1학기 학급교육과정을 다시 한 번 점검하고 변경되거나 수정할 부분은 결재를 받아야 한다. 둘째, 학생들의 행동발달 및 특성사항을 입력해야 한다. 한 학기 동안 학생들을 관찰하면서 그 학생이 잘하거나 조금은 부족한 점을 교과와는 관련 없이 입력해야 한다. 그 외에도 잡다하게 창의적 체험활동 시수나 동아리 시수 등을 맞추고 학생들의 출결을 점검한다. 이 교사는 이 과정을 수차례에 걸쳐 해왔지만 지금도 학기 말이 되면 행여나 놓친 게 없는지 다시 한 번 확인한다. 더군다나 올해는 학년 주무업무를 맡고 있어 다른 반 선생님들의 학급 교육과정도 함께 살펴봐야 하고, 학년 여름방학 계획서도 만들어야 했다. 반별 업무를 어느 정도 마무리한 후 결재를 올리기 전에 같이 모여서 최종적으로 점검하기로 하였다. 전학으로 인해 학생 수 변경은 없는지, 실제 시간표와 나이스상의 시간표가 일치하는지 등을 서로 교차 점검하고 마무리하였다.

이 교사: 휴~ 이제 거의 다 되었네요. 방학 한 번 하기 힘드네요.

박 교사: 와~ 그래도 이젠 거의 끝났어요! 저번에 말씀해주신 행동발달 사항 오탈자는 조금 수정해야 하지만….

서 교사: 그래도 그런 건 금방 끝내니까 오늘 퇴근하기 전에 후딱 해버려요.

이 교사: 맞아요. 선생님 진짜 잘한 거예요. 저 처음 발령받았을 때는 완전 엉망이었는데 선생님은 진짜 꼼꼼하게 잘했어요.

강 교사: 그러게요. 저도 아직 이게 맞는지 이건 해야 하는지 헷갈리곤 하는데요.

박 교사: 그렇게 말씀해주시니 감사합니다.

이 교사: 선생님들, 방학계획서는 제가 이렇게 대충 해봤는데요. 다른 건 한 번 읽어보시고 방학 과제는 어떤 식으로 하는 게 좋겠어요?

강 교사: 제 생각에 필수 과제는 일기나 독후감, 1일 1운동 하기 이렇게 부담되지 않는 선에서 넣었으면 좋겠어요.

서 교사: 일기도 너무 많이 하지는 말고 한 주에 1~2편 정도면 좋을 것 같네요.

박 교사: 좋아요. 좋아요. 방학 때는 그래도 조금 쉬면서 놀아야죠!

이 교사: 알겠습니다. 그럼 일기 주 1회, 독서 감상문도 주 1회 정도면 되겠죠? 그리고 운동하기 넣고…. 그럼 이제 선택 과제는 어떻게 할까요?

서 교사: 선택 과제는 말 그대로 선택이니까 학생들 스스로 생각해보고 선정하는 것도 좋을 것 같아요. 너무 어이없는 과제를 택하는 건 좀 제재해야 하겠지만요.

이 교사: 그러면 선택 과제는 각 반에서 알맞게 선정하는 것으로 하죠.

　방학식은 대부분 오전 수업으로 이루어진다. 이날은 주로 1교시 방학식, 2교시 가정통신문 배부 및 방학계획서 같이 보기, 3교시 대청소 등 하루를 온전히 방학을 대비하고 안내하는 데 소비하는 것이다. 2교시에 필수 과제를 안내하고 선택 과제를 안내하였다. 아이들은 처음에는 무엇을 해야 할지 선뜻 선택 과제를 선정하지 못하고 있었다. 아마 '이런 것을 해도 되나?' 하면서 머릿속에서 생각들이 맴돌고 있을 것이었다. 이럴 때는 교사가 적당한 예시를 몇 개 들어주면 학생들은 금방 적당한 답을 고르곤 한다.

이 교사: 여러분, 너무 어렵게 생각하지 않아도 돼요. 예를 들어 독서 감상화를 그려 낸다든지 레고 같은 재료로 자신만의 작품을 만들어 사진을 찍거나 하는 것도 괜찮아요.

학생 1:   선생님, 그럼 엔트리에서 과제 해결해 오는 것도 돼요?

이 교사: 당연하지. 과제해서 학급에 올려놓으면 되잖아. 바로 확인도 가능하고 좋은 생각이네.

학생 2:   선생님, 그런데 저는 이미 학급 홈페이지에 있는 과제 다 했는데요. 다른 과제들도 또 올려주시면 안 돼요?

이 교사: 더 과제를 하고 싶으면 직접 검색해서 찾는 방법도 있지만. 그래, 선생님이 방학 때 홈페이지 사이트에 적당한 과제를 올려놓을게.

학생 3:   그럼 저희도 엔트리 과제 제출하는 걸로 할래요.

학생들: 저두요!

　결국 몇몇 학생들을 제외하고는 많은 수의 학생들이 엔트리 과제해결하기를 선택 과제로 정하였고 이 교사는 방학 과제에 알맞은 적당한 과제를 학급 홈페이지에 올리기로 하였다.

　여름방학 연수는 대게 초등학교들이 방학식을 하는 시기에 거의 맞물려 방학 첫 주부터 바로 시작된다. 이 교사가 선택한 소프트웨어(SW) 연수도 역시 그랬다. 연수 장소는 이 교사 집 근처에 있는 전임지 학교였다. 현재 근무하고 있는 학교로 발령받기 전 4년 동안 근무해서 속속들이 아주 잘 알고 있어 마치 친정에 온 듯한 기분도 들었다. 방학이 아니었으면 아는 선생님들도 제법 있었겠지만, 지금은 방학이라 전에 같이 근무하던 선생님들이 계시진 않았다.

　연수는 9시부터 시작이었다. 8시 45분쯤 학교 주차장에 도착한 이 교사는 가방을 챙겨 3층에 있는 컴퓨터실로 올라갔다. 조금은 이른 시간이라 자리가 많이 비어 있었다. 여름이라 조금만 움직여도 땀이 나지만 에어컨 바로 밑은 좋아하지 않아 이 교사는 에어컨에서 적당히 거리가 있는 자리에 앉아 컴퓨터를 켰다. 컴퓨터를 켜고 얼마 지나지 않아 누군가 이 교사를 부르는 소리가 들려 돌아보았더니 이 학교에서 같이 동학년을 했던 김 교사였다.

김 교사:	선생님 잘 지내세요? 연수 들으러 오신다는 거 명단에 서 봤어요.
이 교사:	아, 선생님이 이 연수 담당하시는구나. 전 잘 지내죠. 학교는 어때요? 별일 없어요? 오랜만에 다른 선생님들도 보고 차 한잔 하고 싶네요.
김 교사:	그러게요. 이게 도통 짬이 나질 않네요. 1년 넘게 지났지만 그래도 동학년 모임을 한 번 해야 하는데 말이에요. 이번에 소프트웨어(SW) 연구학교가 되면서 정신없이 지내고 있어요.
이 교사:	그래요. 그렇게 들었어요. 그래서 이렇게 방학 때 연수도 주최해서 열고 하는 거죠? 고생 많으시겠어요.
김 교사:	그래도 이제 어느 정도 자리를 잡고 안정되어서 한숨 돌렸어요. 다른 연구학교 할 때보다 아이들이 일단 재미있어하더라고요.
이 교사:	안 그래도 저도 1학기 때 언플러그드 위주로 가르쳐보니 아이들이 좋아하더라고요. 2학기 때는 엔트리로 수업을 해보려 하는데 잘 몰라서요.
김 교사:	잘됐네요. 이번 연수가 거의 엔트리 내용으로 이루어질 것 같은데 많이 참고해서 가세요. 저는 강사 선생님 좀 도와드리러 가봐야겠네요.
이 교사:	네, 또 뵐게요.

연수가 시작되고 첫 몇 시간은 지난번 소프트웨어(SW) 연수 내용

과 비슷하였다. 대신에 조금 더 천천히 그리고 같은 개념이라도 다른 예시 작품이나 과제를 제시하였다. 오전 시간에는 스크래치와 엔트리에 대한 설명으로 시작되었다. 그중에서도 엔트리를 위주로 강의가 진행되었다. 대부분의 학교가 엔트리를 중점적으로 사용하기 때문이었다. 그렇게 교육용 컴퓨팅 언어(EPL)에 관한 설명 이후에 〈조건〉 및 〈반복〉에 대한 실습이 이루어졌다. 실습 내용은 학교에서 수행했던 내용과 별반 다르지 않아 쉽게 해결하였다. 실습을 생각보다 쉽게 해결한 이 교사는 엔트리 탭에서 이제껏 보지 못했던 탭들을 만져가며 엔트리의 기능을 익혀 나갔다. 이 내용만으로도 어느덧 세 시간이 지나 오전 연수 시간이 마무리되었다. 점심을 먹기 위해 강의실을 나오자 덥고 습한 공기가 얼굴에 와 닿았다. 여름방학에 집에서 쉬는 것도 좋지만, 이 더위에서는 차라리 이렇게 연수를 나오는 것도 좋은 피서 방법이라 생각이 든 이 교사였다. 오후 연수 시간에는 오전처럼 개념 하나하나를 자세히 배우기보다는 전체적으로 엔트리 명령 탭을 개괄적으로 학습했다. 이 교사는 이 시간 동안 엔트리의 다양한 기술을 활용한 다른 작품들을 검색하고 코딩 내용을 살펴보았다. 그리고 교육용으로 개발된 학습 자료의 예제도 만들어 보며 엔트리의 기능을 익혀 나갔다. 잠깐의 휴식시간 이후 연수 마지막 시간이 되었다.

첫째 날 연수의 마지막 시간은 각자의 게임을 만들어 보는 활동이었다. 필요한 오브젝트는 무엇인지, 어떤 개념을 사용해서 작품을 만들 것인지, 필요한 블록들은 어떠한 것들이 있는지 등에 대해 정리하면서 작품계획서를 만들었다. 물론 실제로 작품을 만들 때는 계획서대로 되진 않았다. 빠트린 블록도 있었고 생각을 잘못하여 어느 부분에서는 완전히 새롭게 코딩을 해야 했다. 얼마간 씨름한 끝에 이 교사만의 프로그램을 코딩했다. 이 교사가 만든 프로그램은 '발표도우미' 프로그램이었다. 클릭을 하면 24명의 6학년 1반 학생들 중 랜덤으로 발표자가 뽑히는 방식이었다. 경우에 따라 남학생만 선출하거나, 여학생만 선출할 수도 있는 프로그램이었다. 어느 정도 완성을 시키고 강사 선생님께 확인도 받았다. 시간을 보니 30분 정도 남아 있었고, 몇몇 다른 선생님들은 아직 자신의 작품을 만들고 점검해 보기에 여념이 없었다. 그동안 이 교사는 '6학년 1반' 학급 홈페이지에 새롭게 알게 된 과제와 강의들을 올렸다. 그리고 마지막 강의로 '나만의 프로그램 또는 게임 만들기'를 할 수 있도록 안내하였다.

14. 소프트웨어(SW) 관련 진로 교육_
소프트웨어(SW) 직업의 세계 알아보기

주 5일제가 실행되면서 확실히 방학은 짧아졌다. 주 5일제가 실시되기 전에는 7월 20일 전후에 방학을 시작해서 9월 초쯤 개학을 하였는데 요즘에는 7월 말에 시작해서 8월 25일 전후로 개학한다. 학교에 따라 여름방학이 한 달이 채 되지 않기도 한다. 이 교사의 4주간의 여름방학은 2주는 연수, 1주는 가족 휴가, 1주는 휴식 및 신학기 준비로 이루어졌다. 이 교사는 주로 연가를 사용하여 휴가를 즐겼다. 연차가 되면 될수록 연가일수는 많아지는데, 결혼 전에 방학을 이용해 유럽 여행을 다녀왔을 때 외에는 다 써 본 적이 없었다. 이번 방학에도 연가는 5일 정도밖에 사용하지 않아서 2학기에는 15일 넘는 연가가 남아 있었다. 혼자 하는 업무가 아니고 학생들을 데리고 가르쳐야 하기 때문에 정말 몸살 기운이 심해도 연가를 쓰기보다는 출근하고 수업을 다 한 후에 겨우겨우 조퇴를 하곤 했다. 그래서 가끔은 4월이나 10

월에 연가를 쓰고 여행을 가는 지인들이 부럽기도 하였다.

4주 남짓한 여름방학이 끝날 무렵 전 직원 출근일이 다가왔다. 다음 주 월요일이면 개학이라 그 전 주 목요일로 전 직원 출근일은 정해져 있었다. 여름방학 동안 아이들의 책상 위에 쌓인 먼지를 닦아내고, 바닥을 쓰는 등 사람이 드나들지 않았던 흔적을 지워나갔다. 이런 학교도 며칠 뒤면 아이들의 이야기 소리로 공간이 채워질 것이다. 전 직원 출근일은 보통 10시쯤에 전체 회의를 한다. 이때 당장 다음 주부터 시작되는 2학기에 관련된 내용을 전달한다. 눈에 보이는 먼지들을 닦아내니 어느새 회의 시간이 되었다. 동학년 선생님들이 같이 회의에 참석하기 위해 밖에서 기다리고 있었다. 이 교사도 펜과 교무수첩을 들고 회의실로 향했다. 이미 많은 선생님들께서 여름방학 동안의 안부를 물으며 담소를 나누고 계셨다. 이 교사도 반가운 선생님들과 담소를 나누었다. 이윽고 대부분의 선생님들이 회의실에 앉자 교무선생님께서 말씀하셨다.

교무부장: 선생님, 오랜만에 보셔서 반갑겠지만 잠시 회의하고 또 인사 나누겠습니다. 먼저 오늘 일정에 대해 말씀드리겠습니다. 오늘 전체 회의를 마친 후에는 각 교실에서 정리하시고 점심은 급식이 되지 않는 관계로 학년별로 편하게 드시면 되겠습니다. 그리고 오후 복무사항은 특별한 일이 없으신 분은 조퇴를 쓰시면 되겠습니다. 그럼 부서별로 전달사항이 있으면 말씀해주십시오.

연구부장: 연구부에서 말씀드리겠습니다. 2학기 학년, 학급 교육과정 제출일은 9월 10일까지로 되어 있습니다….

정보부장: 정보부에서 말씀드리겠습니다. 여름방학 동안 전기선을 잘 뽑아두셨겠지만, 혹시 TV나 컴퓨터에 이상이 있는 선생님은 6-4반으로 연락주시기 바랍니다.

부서별 전달 사항이 끝나자 인사이동에 대한 전달사항이 있었다. 방학 동안 출산 휴가를 들어간 선생님도 계셨고, 그 자리에 새롭게 신규로 발령받으신 선생님도 있었다. 그리고 교장, 교감 선생님의 전할 말씀이 간단히 있고 전체 회의가 마무리되었다. 그리고는 학년별로 돌아가 정리하지 못한 교실을 마저 정리하거나 개학 첫날에 쓸 자료들을 찾아 준비하였다. 이 교사는 이번 주 내내 출근하다시피 해서 별달리 크게 준비하거나 해야 할 일은 없어 조퇴를 올리고 일찍 들어가 쉬기로 하였다. 다른 선생님 몇 분은 학교에 남아 개학 준비로 대청소를 하기도 하였다.

방학의 마지막 주말이 끝나고 개학날이 되었다. 아이들은 방학을 보내고 오면 1학년이든 2학년이든 몸과 마음이 한껏 자라 등교하게 된다. 1학년들도 방학을 보내고 오면 이 아이들이 이렇게 성숙했나 하고 깜짝 놀라기도 한다. 특히 6학년은 방학을 보내고 오면 몇몇 아이들은 중학생이 된 것 같은 느낌도 든다. 남학생들은 변성기가 오기도 하고 여학생들은 부쩍 외모에 관심을 가지며 화장과 패션으로 이미지 변신을 해오기도 한다. 외면뿐만 아니라 내면에도 많은 변화가 생기는데, 친구 관계에 대해 더욱 조심스러워지거나 공부를 하는 이유에 대해 고민하는 등 평소에는 하지 않던 깊은 생각까지 하는 모습을 볼 수 있었다. 이렇게 학생들의 생각이 영글어 갈 때 이 교사는 학생들이 자신의 진로에 대해 진지하게 한 번 생각해 볼 시간을 갖게 하였다.

이 교사는 막연하게 '너는 꿈이 뭐니?'라고 물으며 자신의 꿈을 말하지 못하는 아이를 걱정하고 훈계를 하는 것은 접근 자체가 틀렸다고 생각해왔다. 이 교사도 어렸을 때 그런 물음을 많이 받아 왔고 답을 하지 못했다. 지금 되돌아보면 답하지 못했던 게 당연한 것 같다. 왜냐하면 학생들은 자신들이 잘하는 게 무엇인지, 좋아하는 것은 무엇인지에 대해 진지하게 고민해 볼 시간도 부족했고 이제껏 어른들이 시키는 대로 학원에 다니며 공부를 해왔기 때문이다. 다행히 요즘에는 진로 교육에 대한 중요성이 커지면서 학생들의 발달 수준에 따라 교과마다 진로와 관련된 내용이 포함되었다. 이 교사는 몇 시간에 걸친 프로젝트 학습 형태로 진로 학습을 설계하였다.

첫째 시간에는 간단한 MBTI검사를 이용하여 자신이 어떤 성향의 사람인지 알아본다. 둘째 시간에는 자신이 좋아하거나 잘하는 것과 연결하여 하고 싶은 직업을 여러 가지 고르게 한다. 고를 때는 학생의 성적은 생각지 않고 자신이 하고 싶은 직업을 고르는 것이 중요하다. 셋째 시간에는 각자의 직업에 대한 조사를 한다. 대학은 어느 과를 나오는 게 유리한지, 그 직업을 갖기 위해 꾸준히 해야 하는 것은 무엇인지 등등. 넷째 시간에는 자신이 노력해야 할 점들을 조사하고, 다짐하고, 다른 친구들 앞에서 발표하는 것으로 진로 교육을 마치며 일상생활에서 잘 이루어질 수 있도록 한다.

진로 교육은 예전부터 해왔지만 요즘 들어 부쩍 늘어난 희망 직업이 있다. 몇 년 전만 해도 연예인이나 운동선수들이 대다수였다. 그러나 요즘에는 유튜브 크리에이터나 프로그래머라는 직업도 아이들 사이에서 인기 있는 직업이다. 문제는 이런 새로운 직업들은 학생들도 왜 자신이 이런 직업을 가지고 싶은지 아는 경우가 드물고, 교사나 학부모들도 학생을 어떻게 이끌어야 그런 직업을 갖게 할 수 있을지 잘 모른다는 것이다.

올해 아이들은 특히나 프로그래머나 프로게이머, 앱 개발자 등 새롭게 이슈가 되는 직업에 대한 관심이 많았다. 이 아이들은 여름방학 동안 방학 숙제를 통해 자신만의 프로그램을 만드는 데 관심과 재능을 보인 아이들이 대부분이었다. 보통 나이가 들면서 자신의 꿈을 이야기하거나 직업을 이야기할 때 외부적인 조건들을 많이 생각하게 된다. 연봉이나 사회적 지위, 시선 이런 것들이 직업을 선정하는 기준이 되어버린다. 그리고 자신의 능력에 한계를 짓고 꿈을 접게 된다. 이런 현실을 생각해 보면 초등학생 때야말로 진정으로 자신이 좋아하는 직업을 말할 수 있는 듯하다.

이 교사는 학생들이 지난 시간에 생각해 둔 직업에 대해 조사하기 시작했다. 다음 수업에서는 학생들이 실제로 어떤 과나 기술을 배워야 하는지 실제적 지식을 전달해 주어야 하기 때문이다.

소프트웨어(SW) 직업의 세계

□ 소프트웨어(SW) 교육, 왜 필요한가요?

구글, 애플, 마이크로소프트, 페이스북 등 세계를 주름잡는 많은 기업 대부분이 소프트웨어 분야에서 강점을 가지고 있습니다. 소프트웨어가 거의 모든 산업과 관련 있기 때문이며 이런 추세는 앞으로도 계속될 전망입니다. 미국 노동통계국에서 발표한 2010~2012년 보고서에 따르면 2015년에는 소프트웨어 관련 일자리가 약 70만 개지만, 2020년에는 약 140만 개에 이른다고 합니다.

소프트웨어 관련 혁신은 뛰어난 개발자가 이끄는 경우가 많습니다. 스마트 세상을 연 스티브 잡스와 '월드 와이드 웹(WWW)'으로 인터넷 시대를 구축한 팀 버너스 리 등이 대표적인 사례입니다. 그래서 미국과 영국 등 해외에서는 소프트웨어 개발자들에게 연봉과 근무 환경, 복지 등 모든 부분에 대해 좋은 대우를 하고 있습니다.

□ 소프트웨어(SW) 관련 직업군

직업군	하는 일
프로그래머	코딩을 통하여 어플, 게임 등 다양한 프로그램을 만든다.
엔지니어	서버나 네트워크 장비를 유지·보수·구축한다.
정보보안 전문가	해커의 침입과 각종 바이러스 발생에 대비해 전산망을 전문적으로 보안·유지한다.
데이터베이스 관리자	컴퓨터를 이용하여 각종 데이터를 수집·정리·가공·입력하여 데이터베이스를 설계·구축·관리·분석한다.
소프트웨어 코딩 지도사	초중고 교육과정에서 이공계 진로를 위한 코딩설계의 지도 방법을 연구하며, 정규교과 과정을 보완하고 실습을 지도한다.

- 이 밖에서 소프트웨어(SW) 관련 직업은 무수히 많이 있으며, 학생의 적성과 흥미에 따라 적절한 직업을 추천할 수 있습니다.
- 커리어넷(www.career.go.kr)과 같은 진로 상담 사이트에서 학생들의 적성을 알아보거나 소프트웨어와 관련된 다양한 직업을 찾을 수 있습니다.

※ 출처 : SW 중심 사회 홈페이지, 진로 가이드 네이버 지식백과, 2015 직업의 세계

성공한 소프트웨어(SW) 직업의 사례

□ 페이스북의 마크 저커버그(Mark Elliot Zuckerberg)

저커버그는 미국 뉴욕주 화이트플레인스에서 태어났습니다. 아버지 에드워드(Edward)는 치과 의사였으며 어머니 캐런(Karen)은 정신과 의사였습니다. 저커버그는 중학교 시절 프로그래밍을 시작하여 1990년대에는 아버지로부터 아타리 BASIC 프로그래밍 언어를 배웠으며, 이후 1995년경에는 소프트웨어 개발자인 데이비드 뉴먼(David Newman)으로부터 개인 지도를 받았습니다. 또한 1990년대 중반에 집 근처 머시 칼리지(Mercy College)의 대학원에서 관련 수업을 청강하기도 했습니다.

그는 프로그래밍하는 것을 좋아했으며, 특히 통신 관련 툴을 다루거나 게임하는 것을 좋아했습니다. 아버지 사무실 직원들의 커뮤니케이션을 돕는 애플리케이션을 고안하기도 했으며, 리스크 게임을 PC 버전으로 만들기도 했지요. 고등학교 재학 중에는 인텔리전트 미디어 그룹이라는 회사에 고용되어 시냅스 미디어 플레이어(Synapse Media Player)를 제작했습니다. 이것은 인공지능을 사용하여 사용자의 음악 감상 습관을 학습할 수 있도록 만든 뮤직 플레이어로, 슬래시닷에 포팅(이식, 다른 기종의 컴퓨터로 소프트웨어를 옮김) 되었으며 《PC 매거진》에서 5점 만점에 3점의 평가를 받았습니다. 마이크로소프트와 AOL이 시냅스 플레이어를 사들이고 저커버그를 고용하겠다는 제안을 해왔으나, 그는 이를 거절하고 2002년 9월 하버드 대학교에 입학하였습니다.

저커버그는 "무언가를 개선하기 위한 목적에서라면, 그것을 깨뜨리는 것도 괜찮다고 생각한다"는 견해를 밝혔습니다. 페이스북은 6~8주마다 열리는 해커톤이라는 행사를 주관하기도 했었는데, 이것은 일종의 협업 프로젝트 이벤트로 참가자들은 하룻밤 동안 새로운 프로젝트를 구상하고 구현할 수 있습니다. 페이스북이 행사 중에 필요한 모든 음악과 음식, 맥주를 제공하며, 저커버그 자신을 비롯한 많은 페이스북 직원들도 이 행사에 직접 참여했습니다. 저커버그는 스티븐 레비와의 인터뷰에서, 이 행사가 하룻밤 만에도 아주 훌륭한 무언가를 만들어낼 수 있다는 생각에서 출발하며 이것이 오늘날 페이스북을 이끌어가는 아이디어의 하나이자 자기 자신의 가장 중요한 개성이기도 하다고 말했습니다. ※ 출처 : 위키백과, 마크 저커버그

15. 소프트웨어(SW) 부스 운영
_code.org 활용하기

SW's DAY
10.10

    6학년에서는 한 주 동안 특별한 이벤트를 준비하고 있었다. 10월 10일 소프트웨어(SW)의 날을 맞이하여 학년 차원에서 쉬는 시간과 점심시간에 반별로 소프트웨어(SW) 부스를 운영하기로 한 것이다. 반별 부스 스탬프를 찍어오면 소정의 상품을 나눠주기로 하였다. 먼저 1반에서는 언플러그드 활동과 관련된 미션 해결활동, 2반은 소프트웨어(SW) 보드게임, 3반은 Code.org 미션 해결하기, 4반은 엔트리로 나만의 게임이나 작품 만들기였다. 반별로 해당 내용을 해결하면 스탬프를 찍어주고 찍은 수에 따라 상품을 지급했다. 이와 같은 행사를 진행하기 위해서는 몇 가지 준비해야 할 것들이 있다. 1, 2반처럼 언플러그드 활동은 학습지 등 간단한 준비물만 있으면 되었지만 3, 4반이 수행할 EPL 활동은 사전에 반별로 교육이 이루어지고 도우미를 뽑아 원활한 행사 진행이 되도록 해야 했다.

〈code.org 홈페이지〉

　3반에서 진행되는 Code.org 미션 해결하기 같은 미션형 EPL 활동
은 학생들을 교육하거나 안내해야 할 사항은 적었다. 하지만 교육에
필요한 주요 자료가 소프트웨어(SW) 교육주간이 되었을 때나 해당 사
이트에 업데이트되었기 때문에 미리 준비하지 못한다는 것과 여러 명
이 동시에 진행할 수 있도록 노트북이나 스마트 패드를 준비해야 한
다는 주의사항이 있었다. 4반에서 진행될 엔트리 작품 만들기 활동은
교사가 학생들의 작품을 확인해야 했다. 그 과정이 쉽고 정확하게 이
루어지기 위해서 6학년 전 학생을 하나의 엔트리 학급에 가입시켰다.
그리고 이 단계는 자유형 EPL에 어느 정도 익숙해져야 도전할 수 있
는 미션이어서 난이도가 조금은 있는 활동이었다.

소프트웨어(SW) 교육주간이 시작되었다. 정보부장인 강 교사는 월요일 아침 교문에서 학생들과 소프트웨어(SW) 교육 캠페인을 벌이고 있었다. 학생회장단과 학생회 임원들은 동생, 친구들에게 간단한 소프트웨어(SW) 관련 퀴즈도 나누어 주며 많이 응모하라고 홍보활동을 하였다. 문제는 자그마한 종이에 인쇄된 언플러그드 관련 학습지였다. 나누어진 종이들은 아마 응모함에 모여 추첨으로 상품이 지급될 것이었다. 이렇게 교육주간을 운영하는데 담당 교사는 몇 주 전부터 일을 계획하며 준비를 한다. 이 교사는 강 교사와 간단한 인사를 나누고 월요일 아침, 아이들에게 어떤 말을 해주며 한 주를 시작할까 생각하며 학교로 들어왔다.

소프트웨어(SW) 교육주간 운영의 목적 및 취지는 학생들에게 소프트웨어(SW) 교육이 무엇인지 가르치기보다는 즐겁게 행사에 참여하면서 다양한 경험을 쌓는 데 있었다. 한 주간이라도 행사와 놀이를 통해 소프트웨어(SW) 교육이 즐겁다는 것을 인지할 수 있도록 한 것이다. 결과는 의도했던 바와 같이 말 그대로 아이들 놀이의 장이 되었다. 쉬는 시간은 어느 때보다도 시끌벅적했다. 어떻게 보면 시장바닥과 같은 느낌이었을 수도 있다. 하지만 누가 봐도 한 주간의 쉬는 시간은 학생들 스스로 재미를 느끼고 스스로 무엇인가를 하고자 하며 배울 거리들을 찾아다닌 시간이었다. 마치 소풍날 보물찾기를 하듯 각 반에 있는 소프트웨어(SW) 부스를 찾아 미션을 해결해 나갔다.

월요일, 화요일이 지나자 공통적으로 아이들의 요구사항들이 몇 가지 나왔다. 쉬는 시간이 너무 짧아 미션을 해결할 시간이 부족하다는 것이었다. 그래서 학년 회의를 거쳐 창의적 체험활동 시간과 실과 시

간을 모두 같은 시간대에 배치하여 블록 타임 형식으로 하루를 구성
했다. 최대한 시간을 많이 확보하기 위해 점심시간을 포함해서 5, 6교
시를 이용했다. 이렇게 활동할 시간을 주자 평소에 관심이 없던 아이
들도 삼삼오오 짝을 지어 돌아다니며 미션을 수행하였다. 목요일 오
후 시간을 확보하여 체험하다 보니 보다 효과적이고 집중도가 높은
활동을 할 수 있었다. 마지막 6교시에는 반별로 돌아가 느낀 점을 공
유하고 마무리하는 시간을 가졌다. 뭔가 정신없이 오후 시간이 지나
갔지만 6학년 아이들이 이렇게 활발히 어떤 활동에 참여하는 모습을
보는 것도 오랜만인 듯하였다. 아이들을 하교시키고 잠시 쉬고 있으니
강 교사로부터 쪽지가 왔다.

강 교사의 쪽지

선생님~ 오늘 정말 고생 많으셨습니다!
바쁘신 일 없으시면 잠시 연구실에서 쉬었다 가세요.
당 보충하시게 준비해뒀습니다!

아니나 다를까 연구실에 가니 강 교사가 케이크를 자르고 있었다.

이 교사: 아니 웬 케이크에요?

강 교사: 아. 사실 오늘이 제 생일이거든요. 와이프가 학교로
            케이크를 보내줬네요. 선생님들과 함께 나눠 먹으라
            고요.

박 교사: 와. 좋으시겠다. 사랑받는 남편이시네요.

강 교사: 아닙니다. 뭘요. 앉으세요. 오늘 오후에 정신없으셨죠?

서 교사: 처음엔 걱정도 많이 되었는데 나중에는 도우미 아이들

이 잘해 주어서 저는 별 무리 없이 끝났어요.

박 교사: 맞아요. 그리고 저희 반에는 후반에 많이 찾아오지 않더라고요. 아마 월요일이나 화요일에 스탬프를 거의 다 찍은 듯했어요.

강 교사: 아, 그래서 나중에 3, 4반으로 많이 왔군요. 나름 스마트 패드나 노트북을 여러 대 준비한다고 했는데 5교시 마칠 때쯤 되니까 아이들이 몰려서 다 못한 학생들도 좀 있고 했거든요.

이 교사: 그랬군요. 하긴 언플러그드 활동보다 시간도 오래 걸리고 기기들도 제한이 조금 있으니 그랬겠네요. 어휴 그래도 선생님 수고하셨어요.

강 교사: 네, 이제 다른 학년에서 보내준 결과물들만 잘 취합하면 될 듯해요.

박 교사: 다른 학년은 어떤 내용으로 했어요?

강 교사: 1, 2학년은 주로 소프트웨어(SW) 관련 보드게임이나 이미지 표현 관련된 그림 그리기를 했고요. 3, 4학년은 정보통신윤리교육에 집중해서 소프트웨어(SW) 세상 표어 쓰기, 영상 시청 후 감상문 쓰기 같은 거로 했어요. 그런데 딱히 학년별로 정한 게 아니라 각 선생님께서 하고 싶으신 내용으로 하셨을 거예요.

이 교사: 이번 주 시작할 때 선생님 고생 많으실 것 같았는데 그래도 이렇게 뚝딱뚝딱 잘해 나가시는 거 보니까 역시 대단하네요.

강 교사: 아닙니다. 과찬이십니다. 얼른 케이크 드세요. 식지는 않지만 그래도 이왕 잘라놨으니 다이어트 걱정일랑 나

중에 하시고 일단 드세요.

박 교사: 소프트웨어(SW) 교육 주간도 잘 마무리 된 것 같아서 기분 좋네요. 강 선생님 내년에는 소프트웨어(SW) 교육 주간은 어떻게 운영하실 계획이세요?

강 교사: 저는 내년에는 피지컬 컴퓨팅을 활용하려고 계획하고 있어요.

서 교사: 피지컬 컴퓨팅이라는 건 뭔가요?

강 교사: 피지컬 컴퓨팅(Physical Computing)이라는 것은 실제 세계를 관측하고 실제 세계에 반응할 수 있도록 하드웨어와 소프트웨어를 사용하여 상호작용 가능한 시스템을 만드는 것을 말해요. 여러 가지 센서를 통해 외부 데이터를 입력받아 정보를 처리하고 모터, 스피커 등의 장비를 통해 출력하는 과정을 거치지요. 즉 컴퓨터 속의 세계가 실제 물리 세계와 연결되는 것입니다. 피지컬 컴퓨팅은 범위가 넓어서 교육하고자 하는 목표에 따라 사용할 수 있는 도구가 EV3, 아두이노, 햄스터로 봇, LEGO WeDo 등등 다양하게 존재하거든요. EPL에서 배웠던 프로그래밍 학습 내용을 활용해서 심화 활동들을 해 볼 수도 있고요.

서 교사: 말로만 들어도 벌써 관심이 가는데요. 저도 피지컬 컴퓨팅에 관해 공부해 봐야겠어요.

엑스봇(원터치 동글/USB)	제이디키트	초코파이보드	코드이노	코딩머신	코딩박스(Coding Box)	코코넛
크리오인터코디	펀보드	플레이코드	햄스터	바이로봇 페트론V2드론	바이로봇 페트론V2-조종기	엑스봇(블루투스)
알버트 스쿨 버전	바이로봇 페트론 V2 자동차	E-센서보드(무선연결)	E-센서보드(유선연결)	EV3	MRT-X	거북이
네오봇	네오봇 로봇 테마	네오봇 센서테마	네오봇(전용 동글)	다두블럭	다두블럭자동차	대장장이보드
뚜루뚜루	로코보드	리틀비츠	마이크로빗	메카트로나노+	메카트로우노+	메카트로우노+블루투스
모디	비트브릭	빙글S	사이언스큐브	아두이노 Nano	아두이노 Uno정품보드	아두이노 Uno 확장보드
아두이노 Uno 확장모드	아이보드	알티노	에듀메이커 보드			

〈다양한 종류의 피지컬 컴퓨팅 교구〉

　케이크를 먹으면서 6학년 선생님들은 오늘 소프트웨어(SW)주간 교육활동을 하면서 있었던 일들에 관해 이야기를 나누었다. 반별로 다양한 이야기들이 있었다. 특히 강 교사 반에서 있었던 '엔트리 작품 만들기'에서는 다양하고 창의력 넘치는 작품들이 많이 나왔다. 다른 학년에서의 작품들도 개성 넘치고 그들만의 이야기들이 있는 내용의 산출물들이 제법 있었다. 아마 1, 2학년들은 소프트웨어(SW)가 무엇인지, 알고리즘이 무엇인지 모를 것이다. 하지만 나중에 더 큰 후에 '어? 이거 언제 한번 해 본 것 같은데?'라는 생각으로 SW교육에 관심과 흥미를 가질 수 있다면 교육적으로 효과가 있었다고 할 수 있지 않을까?

16. 엔트리 학급_사이버 폭력 예방 교육

딩동~.

퇴근 후 달콤한 휴식을 취하던 이 교사의 휴대폰에서 문자 알림 소리가 들렸다. 보통 때 같으면 그냥 무시하고 계속 휴식을 취했겠지만, 그날따라 휴대폰에 손이 갔다. 문자는 이 교사네 반 학생에게서 온 문자였다.

'선생님, 아이들이 제 작품에 좋지 않은 말 올려서 기분 나빠요.'

문자에는 엔트리 학급에 올린 작품과 댓글을 캡처한 사진이 첨부되어 있었다. 학생에게 이런 문자나 전화가 온 것이 이번만이 아니었다. 워낙에 스마트 기기가 많이 보급되어 있어 학생들은 너무나도 쉽게 자신의 생각을 인터넷상에서 표현한다. 이런 현실 때문에 요즘 생활지도

나 상담은 학교 안에서는 물론이고 퇴근 후에도 이루어지는 경우가 허다했다. 학생들 간에 일어나는 인터넷상에서의 불화나 갈등은 교실에서 일어나는 갈등보다 큰 상처가 되는 경우도 있었다. 단체 채팅방에서 한 친구를 욕하는 경우, 인터넷 사이트에서 악성 댓글을 다는 경우 등 인터넷 공간의 익명성이라는 특수성 때문에 일어나는 문제들이었다. 1학기에도 단체 채팅방에서 다른 친구를 비난하거나 우스갯소리의 소재로 삼는 등의 문제로 여러 아이들과 상담을 하였다. 다행히 원만하게 해결되었지만, 그때 당시에는 학생 간 진상규명과 피해 학생 부모님의 전화와 상담으로 며칠간 신경이 많이 쓰인 기억이 떠올랐다.

또한 국어나 사회 조사 과제를 제시했을 때 타인의 자료를 출처도 없이 아무 거리낌 없이 복사하고 가져오는 경우가 많았다. 이런 저작권과 관련된 문제는 학생들에게 분명히 말해둘 필요가 있었다. 저작권은 다른 재산권과 달리 눈에 보이지 않는 것에 대한 권리이다 보니 학생들이 타인의 소중한 재산이라는 것을 인식하지 못하는 경우가 대부분이다. 그렇기 때문에 도둑질이라는 양심의 가책 없이 타인의 자료를 복사하곤 했다. 그렇게 저작권을 침해할 때마다 경고를 하였지만, 전체적으로 저작권에 대해 교육한 적은 없어 저작권 관련된 교육도 필요하였다. 이 교사는 이번을 기회로 반 학생 전체를 대상으로 정보통신윤리예절 교육을 해야겠다고 생각했다. 그렇게 마음을 먹고 해당 학생에게 답장을 보낸 뒤 학급 엔트리 누리집에 들어가 아이들 작품에 달린 댓글 중 장난이 지나친 것들을 골라 캡처하였다.

다음날 이 교사는 수업 동기유발 활동으로 뉴스 기사를 몇 개를 보여주었다. 첫째는 저작권을 위반하여 과도한 벌금을 물게 된 경우였고, 두 번째 기사는 인터넷상에서 타인을 모욕하거나 비난한 죄로 벌금과 실형을 선고받은 기사였다. 이 교사도 이번 수업을 준비하며 알았지만, 생각보다 인터넷과 관련된 벌금 및 처벌이 과중했다. 아이들도 몇 번의 욕설로 이렇게 많은 돈을 벌금 및 보상금으로 지불해야 한다는 것에 놀라는 눈치였다. 본격적인 활동은 우리 반 누리집 및 엔트리 사이트에 올라온 글과 달린 댓글 그리고 아이들 채팅방에서 나온 글들을 PPT에 띄워 보여주었다. 아이디나 이름은 지운 채로 보여주었기에 처음에는 재미있어 하고 누가 쓴 글인지 알아맞히며 웃었지만, 점점 보기 불편하다는 학생들이 늘어났다.

이 교사:	우리 반 누리집에 있는 글과 댓글들이었어요. 한 번 모아보니 어떤 느낌이 들었나요?
학생 1:	보기 좋지 않았어요.
학생 2:	보고만 있어도 기분이 나빴어요.
이 교사:	그렇죠. 선생님도 이번 수업 준비하면서 이런 댓글과 글을 보는 것만으로도 기분이 좋지 않았어요. 그런데 실제로 이런 비난하는 댓글을 받은 학생들은 어떤 기분일까요?
학생 3:	그런 댓글을 단 친구를 보기 싫을 것 같아요.
학생 4:	기분 나빠서 학교에 가기 싫을 것 같아요.
이 교사:	그런데 여러분들이 보았다시피 우리 반에서도 이렇게 사이버 언어폭력이 이루어지고 있어요. 사이버 폭력은 어떤 것들이 있을까요?
학생 5:	다른 사람을 욕하는 것이 사이버 폭력입니다.
학생 6:	욕하는 것뿐만 아니라 근거 없이 비난하는 것도 사이버 폭력이 될 수 있습니다.

학생 7: 댓글로 다른 사람의 기분을 상하게 하는 경우가 있습니다.

이 교사: 그렇죠. 선생님이 이런 건 따로 설명해주지 않아도 몇 년간 도덕을 배워 온 여러분이라면 이미 알고 있는 내용이에요. 여기 TV를 보며 사이버 폭력의 특징에 대해 정리해 봅시다.

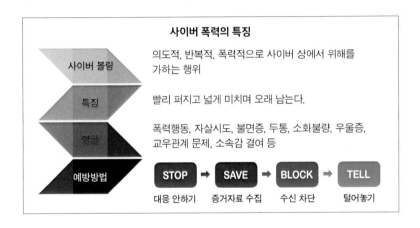

사이버 폭력에 대해 정리를 한 뒤 이 교사는 인터넷상에서 일어날 수 있는 문제들에 대해 모둠별로 조사하는 활동을 진행했다. 먼저 모둠별로 조사 주제를 선정하는 작업부터 하였다. 인터넷상에서 학생들이 마주하는 문제들은 여러 가지가 있었다. 저작권 관련 문제도 숙제하다 보면 직접적으로 관련된 문제였고 인터넷 사기 관련 사례, 스마트폰, 인터넷 중독 문제들을 조사 주제로 잡은 모둠도 있었다. 주제를 선정한 뒤에는 각 문제의 실제 사례를 조사하고 해결 방안, 법적 처벌 조항 등도 같이 조사하고 발표하였다. 발표 내용을 보니 학생들이 직접 조사하는 활동은 스스로 지적 내용을 구성하는데 좋은 의의가 있지만 아무래도 내용의 깊이가 부족한 생각이 들었다. 예를 들어 저작권 조사 모둠은 '저작물을 어느 범위까지 지적 저작물로 볼 것인가'를 헷갈리고 있었고, 스마트폰 중독의 기준을 잘 설정하지 못하는 경우도 있었다. 이 교사는 도덕 시간과 창의적 체험활동 시간을 이용하여 '정보통신윤리교육'에 관한 내용을 정리하고 전달하는 시간을 가져야겠다고 생각했다.

정보통신윤리교육 : 저작권

□ 저작권이란?

먼저, 저작물과 저작자 그리고 저작권의 정의에 대해 알아보겠습니다. 저작물의 정의는 학문과 예술에 관하여 사람의 정신적 노력으로 얻은 사상 또는 감정의 창작적 표현물을 말하며 저작물은 '인간의 사상이나 감정을 나타낸 것'이어야 하고, '창의성이 있어야' 하며, '밖으로 표현되어야' 한다는 것입니다. 저작물의 종류는 아래 표와 같이 나누어 볼 수 있습니다.

영역	저작물의 종류
어문	시, 소설, 논문, 연설, 각본 등
음악	가요, 가곡, 기악, 작사, 작곡, 편곡 등
연극	연극, 무언극, 무용극, 창극, 오페라 등
미술	회화, 서예, 디자인, 조소, 공예, 캐릭터 등
건축	설계도서, 건축모형, 건축물 등
사진	초상사진, 광고사진, 기록사진, 슬라이드 등
영상	영화, 드라마, 뮤직비디오, CF, 애니메이션 등
도형	지도, 도표, 설계도, 약도, 모형 등
컴퓨터 프로그램	운영체제, 응용 프로그램, 게임 등

저작자는 저작물을 직접 창작한 사람을 말합니다. 예외적으로 저작물을 실제 창작하지 않았지만, 법인이나 단체가 업무상 저작물의 저작자인 경우도 있습니다. 저작권은 저작권자가 자신의 저작물을 배타적이고 독점적으로 이용할 권리를 말합니다. 저작물 이용자의 입장에서 보면 저작물을 이용할 때 저작권자의 사전 허락을 받아야 한다는 것을 의미합니다. 저작권은 저작물과 관련하여 저작자의 경제적 이익을 보전해 주는 권리인 지적재산권과 저작물과 관련하여 저작자의 명예나 성명 등 인격을 보호해 주는 권리인 저작인격권이 있습니다. 이러한 저작물의 저작재산권은 저작자의 생존기간 및 그의 사망 후 50년간 보호됩니다. 다만 공표되지 않은 상태로 있다가 저작자가 사망한 지 40년이 경과하고 50년이 되기 전에 공표된 저작물의 저작재산권은 공표된 때부터 10년간 보호됩니다.

※ 출처 : 문화체육관광부 '저작권의 모든 것', http://www.copyright.go.kr
저작권위원회 '청소년 저작권교실', http://1318.copyright.go.kr
저작권위원회 '자유이용사이트', http://freeuse.copyright.go.kr

정보통신윤리교육 : 인터넷 중독

□ 인터넷·스마트폰 중독 실태

최근 초등학생 청소년의 스마트폰 사용이 급증하는 등, 청소년의 인터넷·스마트폰 사용의 지속적인 증가와 함께 높은 과의존 비율이 유지되고 있습니다. 과학기술정보통신부의 2017년 스마트폰 과의존 실태조사에 의하면 청소년 스마트폰 과의존율이 30.3%라는 충격적인 결과를 알 수 있습니다. 이러한 인터넷·스마트폰 과의존으로 인한 부족용으로는 학업성적 및 사회성 저하, 가정불화, 수면 부족 등 건강악화, 각종 사이버 범죄 노출, ADHD 우울증 등과 결부되어 청소년 문제의 핵심요인으로 작용하고 있는 실정입니다.

□ 인터넷·스마트폰 중독 가족치유캠프 운영기관

지역	기관명	문의	지역	기관명	문의
서울	강북인터넷중독예방 상담센터	02-950-9674	경기	이천시청소년상담 복지센터	031-634-2777
서울	보라매인터넷중독예방 상담센터	02-836-1388	강원	강릉시청소년상담 복지센터	033-655-1388
서울	창동인터넷중독예방 상담센터	02-950-9673	강원	춘천시청소년상담 복지센터	033-818-1388
부산	영도구청소년상담 복지센터	051-405-5224	강원	홍천군청소년상담 복지센터	033-433-1386
부산	해운대구청소년상담 복지센터	051-715-1381	충남	천안시청소년상담 복지센터	041-523-1318
대구	달성군청소년상담 복지센터	053-614-1388	전북	김제시청소년상담 복지센터	063-545-0112
대구	서구청소년상담 복지센터	053-614-1388	전북	무주군청소년상담 복지센터	063-324-6688
인천	동구청소년상담 복지센터	032-777-1388	전북	진안군청소년상담 복지센터	063-432-2388
광주	북구청소년상담 복지센터	062-268-1388	전남	광양시청소년상담 복지센터	061-795-7008
울산	북구청소년상담 복지센터	052-229-9636	전남	순천시청소년상담 복지센터	061-749-4234
울산	울주군청소년상담 복지센터	052-283-1388	전남	장성군 청소년상담 복지센터	061-393-1388
경기	가평군청소년상담 복지센터	031-582-2000	경북	영덕군청소년상담 복지센터	054-730-7370
경기	군포시청소년상담 복지센터	031-390-1451	경남	거제시청소년상담 복지센터	055-639-4987
경기	수원시청소년상담 복지센터	031-216-2940	경남	밀양시청소년상담 복지센터	055-352-7942
경기	안산시청소년상담 복지센터	031-364-1004			

※ 출처: 여성가족부 홈페이지

17. 햄스터로봇_수학여행 경로 코딩하기

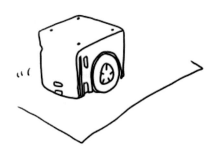

    2학기도 절반 정도 지나간 시점. 아이들이 들떠 있는 이유는 다른 게 있어서가 아니었다. 아직 6학년의 최대 행사이자 아이들이 기대하고 있는 〈수학여행〉이 남아 있었다. 아직 수학여행에 대해 이 교사가 언급한 적도 없던 몇 주 전부터 아이들은 이미 들떠 있었다. 아마 학기 초에 2학기 학사일정 달력이 안내장으로 배부되었는데 그때 표시된 수학여행 날짜를 보고 그렇게나 기대하고 있는 것이었다. 최근에 간단한 안내장도 배부되었건만 아이들은 그 밖에도 궁금한 것이 어찌나 많은지 쉬는 시간마다 질문세례를 받기 일쑤였다.

학생 1:   선생님! 우리 수학여행 관광지 어디로 가요?

학생 2:   놀이동산 가는 게 첫째 날이에요? 둘째 날이에요? 거기서 숙소까지 얼마나 걸려요?

학생 3: 자는 곳은요? 어디서 자요? 파자마 파티 해도 돼요?

등등 크고 작은 질문들을 하루에도 몇 번씩 물어왔다. 그때마다 학생들에게 대답해 줄 수 없는 노릇이어서 안내 자료를 얼른 만들어야겠다는 생각을 가졌다. 하지만 너무 간단히 정보 전달만 해서는 중요한 내용을 금방 잊을 수도 있고, 아이들의 지적 호기심을 충족시키기도 힘들다. 분명 몇 번 이야기 했는데도 이렇게 질문이 오는 걸 생각하면 좀 더 생각을 해봐야 했다. 어떻게 하면 오래 기억에 남길 수 있을까 고민한 이 교사는 한 가지 아이디어를 생각해 내고 수업을 준비하였다.

이 교사: 여러분, 다음 시간에는 수학여행에 대한 안내가 있을 거예요. 안내는 컴퓨터실에서 있을 거니까 갈 준비하세요.

다들 수학여행 안내인데 컴퓨터실로 간다는 것이 이해가 안 된다는 표정이었지만 아이들은 '수학여행'이라는 말만 듣고도 설레어하고 있었다.

이 교사의 수업계획은 다음과 같았다.

준비물: 우리나라 지도 1장(2인 1조), 필기구, 햄스터로봇, 컴퓨터, 미션지

활동내용

1. 수학여행 경로는 짝 A와 B 중에 A에게만 제공됨.
2. A는 B에게 수학여행 시 이동방향과 거리에 대해서만 말할 수 있음.
3. B는 A의 설명만 듣고 우리나라의 지도에 햄스터로봇의 이동경로를 그림.
4. 이동경로가 완성되었으면 B는 컴퓨터로 이동경로를 따라 햄스터로봇이 움직일 수 있도록 코딩함.
5. 이동경로대로 햄스터로봇이 움직이는 것을 확인한 뒤, 지도 위에 있는 도시를 찾고 유적지나 관광지 등을 조사한다.

　주의　A 학생은 방향과 거리 이외에는 절대 말할 수 없음.

이 수업은 서로 간 정보의 차이를 이용한 미션 해결이었다. 이 수업에서 주의할 점은 학생 상호 간에 과학적인 의사소통이 이루어지도록 유도하고 그렇게 이야기를 하도록 해야 한다. 서로가 가진 힌트를 가지고 의논하면 그저 지도 위에 동선을 그리는 수업밖에 되지 못한다. 다만 몇몇 아이들은 방식을 이해하지 못해서 서로 의논하려고 할 때가 있었다. 이때, 지난 언플러그드 활동에서 상대방에게 설명만으로 〈같은 그림 그리기〉 활동과 같은 방식으로 하라고 안내하니 금방 이해하고 미션을 해결해 나갔다.

사실 저번 소프트웨어(SW) 교육 주간이 끝나고 강 교사가 말한 피지컬 컴퓨팅 교구 중 하나인 햄스터로봇에 대해 다른 동학년 선생님들과 함께 개별 연수를 받은 것이 이렇게 많은 도움이 될지 몰랐었다. 조작법이나 프로그래밍 방법이 엔트리나 스크래치를 이용하니 간편했고 학생들에게 가르치기에도 쉬웠다.

학생들은 컴퓨터실에 오기 전에 햄스터로봇의 기본적인 조작법이나

사용법을 익혔다. 컴퓨터로 조종할 수 있는 작고 네모난 햄스터로봇을 아이들은 흥미로워했다. 블루투스 신호를 받아 좌우 방향을 자유자재로 회전도 가능하고 코딩대로 움직이는 게 신기했다. 더군다나 엔트리를 이용하기 때문에 EPL에 능숙한 학생들은 손쉽게 적응하고 조작하였다. 그래서 이번 시간에는 간혹 오차가 나는 것 외에는 다들 미션을 순조롭게 해결하였다.

어느새 팀별로 지도에 동선이 그려지고 주요 도시들과 관광지들이 그려졌다. 그리고 자신들이 만든 지도와 실제 수학여행 지도를 비교하는 시간을 가졌다. 바로 수학여행 지도를 보여주기보다는 목적지-목적지별로 이동하는 방향과 거리에 대해 제시하면서 자신들이 제대로 코딩을 했는지 서로의 의견이 일치했는지 확인하도록 하였다. 목적지가 하나씩 하나씩 말해질 때마다 여기저기서 정답의 환호와 오답의 아쉬움이 쏟아졌다. 예상외로 실제 수학여행 동선과 거의 동일하게 맞춘 팀이 제법 있었다. 이 아이들은 지도의 축척까지 계산하며 최대한 정확하게 맞추려고 한 팀이었다.

이 교사: 여러분 이제 수학여행 어디로 가는지 다 알겠지요?

학생들: 네~

이 교사: 이제 얼마 남지 않았지만, 너무 들뜨지 말고 안전에 유의해서 재미있게 다녀옵시다!

햄스터로봇

□ 햄스터로봇 사용 방법

1. 햄스터로봇과 PC 연결

(1) 처음 사용할 때: 로봇과 USB 동글 간의 페어링

① USB 동글을 PC의 USB 단자에 꽂습니다. USB 동글의 블루투스 연결 표시등이 파란색으로 천천히 깜박이면 정상입니다.

블루투스 연결 표시등

② 햄스터 로봇의 전원 스위치를 위로 올려 전원을 켭니다.

③ 햄스터 로봇을 USB 동글 가까이 가져갑니다. (햄스터 로봇과 USB 동글 간의 거리 15㎝ 이내) 햄스터 로봇에서 삑 소리가 나고 햄스터 로봇과 USB 동글의 블루투스 연결 표시등이 파란색으로 계속 켜져 있거나 빠르게 깜박이면 정상입니다.

블루투스 연결 표시등　　충전 표시등

이러한 과정을 페어링이라고 합니다. 페어링을 하고 나면 햄스터 로봇 하나와 USB 동글 하나가 서로 짝이 됩니다. 페어링은 햄스터 로봇과 USB 동글을 처음 연결할 때 한 번만 해주면 됩니다.

> 햄스터 로봇을 구입하였을 때 햄스터 로봇과 USB 동글은 페어링되어 있지 않습니다. 처음 사용할 때는 우선 햄스터 로봇과 USB 동글을 페어링해 주어야 합니다.

> 햄스터 로봇과 USB 동글 간의 페어링은 하드웨어끼리 수행되는 것이기 때문에 소프트웨어와는 관련이 없습니다. USB 동글을 PC의 USB 단자에 꽂는 이유는 USB 동글에 전원을 공급하기 위한 것입니다.

(2) 다시 사용할 때: 로봇과 USB 동글 연결

이미 페어링되어 있는 경우에는 다시 페어링할 필요 없이 USB 동글을 PC의 USB 단자에 꽂고 햄스터 로봇의 전원만 켜면 됩니다.

① USB 동글을 PC의 USB 단자에 꽂습니다. USB 동글의 블루투스 연결 표시등이 파란색으로 천천히 깜박이면 정상입니다.

② 햄스터 로봇의 전원 스위치를 위로 올려 전원을 켭니다. 햄스터 로봇에서 삑 소리가 나고 햄스터 로봇과 USB 동글의 블루투스 연결 표시등이 파란색으로 계속 켜져 있거나 빠르게 깜박이면 정상입니다.

2. 충전하기

햄스터 로봇은 스마트 폰용 충전기를 사용하여 충전할 수 있습니다. 마이크로 USB 단자를 햄스터 로봇의 충전 단자에 연결하면 됩니다. USB 케이블을 사용하여 충전할 수도 있습니다. USB 케이블의 마이크로 USB 단자를 햄스터 로봇의 충전 단자에 연결하고, 반대쪽을 컴퓨터의 USB 단자에 연결하면 됩니다.

충전 표시등
충전 완료시 꺼짐

USB 충전 단자

충전 중에는 충전 표시등이 빨간색으로 표시되고, 충전이 완료되면 충전 표시등이 꺼집니다. 완전히 충전하면 약 1시간 정도 사용할 수 있습니다. (충전 30분, 연속 동작 평균 1시간, 대기 최대 12시간) 전원을 끄고 충전하는 것이 더 좋습니다.

햄스터 로봇의 배터리가 거의 남아있지 않으면 충전 표시등이 빨간색으로 깜박이거나 블루투스 연결 표시등이 어두운 파란색으로 천천히 간헐적으로 깜박입니다. 이 경우에는 반드시 충전해 주세요.

초기에 생산된 햄스터 로봇의 경우에는 배터리가 거의 남아있지 않을 때 블루투스 연결 표시등이 어두운 파란색으로 천천히 간헐적으로 깜박이고, 2015년 11월 20일 이후에 생산된 햄스터 로봇의 경우에는 충전 표시등이 빨간색으로 깜박입니다.

3. 이렇게 하면 좋아요

수업을 시작하기 전에 각각의 햄스터 로봇과 USB 동글을 미리 서로 짝지어 놓으면 학생들은 USB 동글을 PC의 USB 단자에 꽂고 햄스터 로봇의 전원만 켜면 됩니다. 즉, 다시 페어링할 필요가 없습니다. 짝이 되는 햄스터 로봇은 USB 동글이 기억하고 있기 때문에 PC가 바뀌어도 상관이 없습니다.

USB 동글은 짝이 되는 햄스터 로봇만 찾아서 연결하기 때문에 교실 내에서 많은 수의 햄스터 로봇을 동시에 사용하여도 문제가 없습니다. 햄스터 로봇의 전원만 켜면 서로 멀리 떨어져 있어도 연결됩니다. (15m 이내)

하지만 수업 때마다 학생들이 사용한 햄스터 로봇과 USB 동글을 수거해서 다음 시간에 새로 나누어 준다면 서로 짝지어진 햄스터 로봇과 USB 동글이 섞일 수가 있습니다. 물론 새로 페어링하면 되지만 그보다는 짝지어진 햄스터 로봇과 USB 동글에 번호 스티커를 붙여 놓으면 서로 섞일 염려가 없어서 수업하기가 훨씬 편해집니다.

혹시 햄스터 로봇과 USB 동글이 섞여서 새로 페어링해야 하는 경우에는 다음과 같이 페어링을 변경하면 됩니다.

① 기존에 짝이었던 햄스터 로봇의 전원 스위치를 아래로 내려 전원을 끕니다.
② USB 동글을 PC의 USB 단자에 꽂습니다. USB 동글의 블루투스 연결 표시등이 파란색으로 천천히 깜박이면 정상입니다.
③ 새로 짝으로 할 햄스터 로봇의 전원 스위치를 위로 올려 전원을 켜고 USB 동글 가까이 가져갑니다. 햄스터 로봇에서 삑 소리가 나고 햄스터 로봇과 USB 동글의 블루투스 연결 표시등이 파란색으로 계속 켜져 있거나 빠르게 깜박이면 정상입니다.

> USB 동글은 가장 최근에 짝이 된 햄스터 로봇 하나만 기억합니다. USB 동글이 다른 햄스터 로봇과 연결되어 있는 상태에서는 새로운 햄스터 로봇과 페어링할 수 없습니다. 이 경우에는 USB 동글과 연결되어 있는 햄스터 로봇의 전원을 꺼서 연결을 끊은 이후에 새로운 햄스터 로봇을 페어링해야 합니다.

햄스터 로봇과 USB 동글은 서로 가까이 있을 때만(15㎝ 이내) 페어링이 이루어지기 때문
에 교실 내에서 많은 햄스터 로봇과
많은 USB 동글을 동시에 페어링하
거나 사용해도 문제가 없습니다.

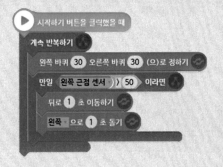

〈햄스터로봇 코딩 예시〉
※ 출처 : 햄스터 스쿨(http://hamster.
school) 홈페이지

학년   반   번
이름:

지도에 수학여행 경로를 표시한 후, 방향과 거리를 이용하여 짝꿍에게 설명하여 봅시다.

첫째날	창원-대전과학관(약 200㎞)-서울경복궁(약160㎞)-용인숙소(약 50㎞)
둘째날	숙소-용인놀이공원-공주숙소(약100㎞)
셋째날	숙소-전주한옥마을(약 90㎞)-창원(약 210㎞)

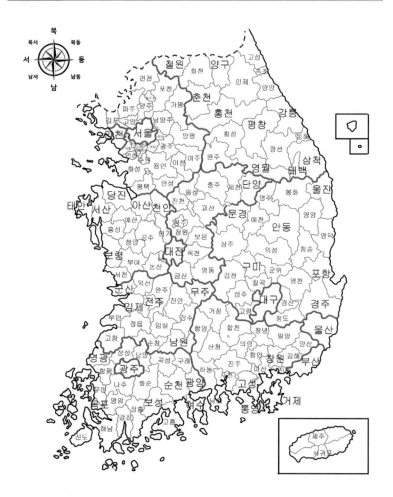

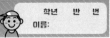
짝꿍이 불러주는 경로를 지도에 표시한 후, 햄스터로봇을 이용하여 이동할 수 있도록 코딩해 봅시다. (첫째날-빨간색, 둘째날-파란색, 셋째날-노란색)

※ 햄스터로봇이 움직이게 될 지도의 축적은 약 1:5,140,000(1cm가 약 10km)입니다.

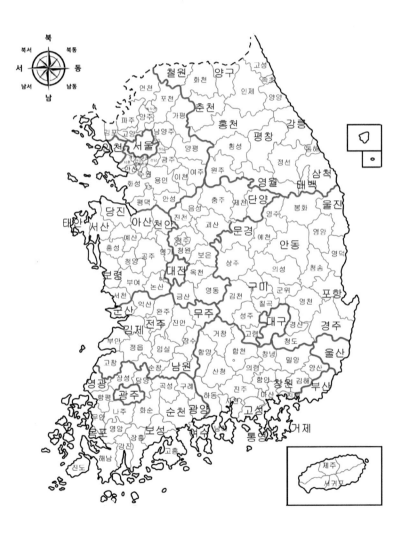

18. LEGO EV3_학급 특색 활동 전시하기

이 교사의 학교에선 학예회 때 학급 특색 활동 내용을 전시한다. 6
학년에서는 반별로 어떤 내용을 할 것인지에 대해 학년 초에 어느 정
도 결정하고 학급 교육과정에 반영해 두어서 큰 걱정이 되지는 않았
다. 다만 이 교사는 올해 초 소프트웨어(SW) 교육에 대해 깊은 이해
없이 계획했던 내용이라 학급교육과정을 일부 수정하기로 하였다.

합주부 담당인 2반 박 교사는 반별 특색 활동도 음악 하는 교실 콘
셉트로 잡아 복도를 꾸몄다. 반 앞에는 한 달에 한 곡씩 연습하고 연
주했던 내용들을 담았는데 먼저 각 곡에 대한 악보를 세워두고 봄부
터 겨울까지 연습했던 사진들과 합주 영상 등을 담아내었다. 그리고
합주를 하면서 힘들었던 점, 즐거웠던 점들을 음표 모양 편지지에 써
서 한 벽면을 장식했다.

3반 서 교사는 교실놀이를 학급 특색 활동으로 선정했었다. 여태까지 했었던 교실놀이의 규칙이나 방법들을 각자 또는 모둠, 짝꿍별로 설명서를 만들었다. 그뿐만 아니라 모둠별로 자신들이 만든 교실놀이에 대해 설명하고 발표하는 내용도 담아두어 꽤 진지하게 놀이에 임하는 아이들을 엿볼 수 있었다. 3반의 전시 내용은 학생들도 흥미 있어 하고 부러워했지만 지나가던 선생님들도 아이디어를 많이 얻어가는 전시 내용이었다.

4반 강 교사는 학년 초에 생각했던 대로 소프트웨어(SW) 교육 내용으로 복도를 꾸몄다. 먼저 언플러그드 활동의 학습지를 이용한 내용과 일상생활에서 알고리즘 내용이 이루어지는 것 등을 전시를 보는 학생들이 체험해 볼 수 있도록 하였다. 부스를 운영하는 학생들은 시간마다 바뀌면서 전시를 보러 오는 아이들을 안내하고 설명해주었다. 그중에서 남학생들에게 특히 인기 있는 것이 있었는데 이 교사도 놀랐던 레고로 만든 꽃 작품이었다. 이 작품은 단순히 꽃 모양을 한 레고가 아니었다. 적외선 센서와 기울기 센서를 이용하여 해가 뜨고 지는 것을 표현했다. 해가 뜨면 꽃은 모터의 힘으로 꽃이 펴지고 해가 지면 꽃이 지는 것을 볼 수 있었다. 그 외에 간이 진도 측정기와 같은 것들도 레고 EV3로 만들었다. 레고 EV3는 엔트리나 스크래치가 아닌 고유의 프로그램을 이용해서 코딩하였다. 진도에 따른 지진 피해 모형을 조립하였다. 이 모형은 진도 0, 1, 2, …, 8 점점 강해질수록 모형 집이 입는 피해가 늘어나 결국 집이 무너지는 것을 표현하였다. 이외에도 피지컬 컴퓨팅과 관련된 교구들이 제법 있었다. 각종 센서를 활용한 IoT 교구 등이 있어 지나가는 아이들이 신기해하고 배워보고 싶어 하였다.

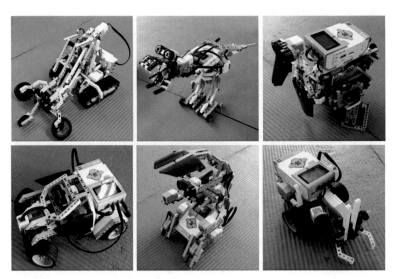

〈학생들이 조립한 다양한 EV3의 모습〉
※ 다양한 센서를 통해 정보를 입력 받아 프로그래밍한 내용을 처리하고 출력하는 교구

이 교사도 4반의 전시 내용을 자세히 보며 사진도 몇 장 찍었다. 안 그래도 이 교사의 막내아들이 레고를 아주 좋아하고 남편인 유 교사도 어렸을 때 레고를 가지고 논 추억이 있다고 종종 말했다. 그래서 이 교사네 집에는 제법 많은 레고들이 있었다. 휴일에 가끔 두 남자는 거실이나 아들 방에서 레고를 만지며 놀거나 백화점이나 마트에 갈 때면 레고가 있는 장난감 가게 앞에서 한참 동안 같이 쪼그려 앉아 이것저것 만지곤 했다. 막상 집에서 볼 때는 단순한 장난감이라고 생각했는데 이렇게 각종 센서들과 움직이는 작품을 보니 레고가 새롭게 보였다. 그러고 보니 지난번에 남편이 유튜브에서 레고로 만든 로봇 팔을 보여주며 '이거 우리 막내 아들 생일선물로 어때?'라고 물어본 적이 있다. 그때는 누구 좋은 일 시키려고 레고를 사주냐며 핀잔을 주

고 레고 대신 옷을 사주었다. 4반 전시 내용을 보고 다른 반을 둘러
보면서 속으로 아들의 이번 크리스마스 선물은 레고가 어떨지 한 번
알아볼까 하는 생각이 들었다.

LEGO EV3란?

□ LEGO EV3

LEGO EV3는 여러 종류의 센서를 이용하여 입력을 받아 모터로 출력을 나타낼 수 있는 피지컬 컴퓨팅 교구로 널리 쓰이고 있습니다. 센서로는 초음파 센서, 컬러 센서, 자이로 센서, 터치센서 등이 있고 모터는 라지 모터와 미디엄 모터가 있으며 입력과 출력을 프로그래밍할 수 있는 EV3 P-Brick이 있습니다. 아래의 여러 가지 프로그래밍 블록을 조합하여 입력값의 조건에 맞는 출력을 모터 등을 이용하여 표현할 수 있습니다.

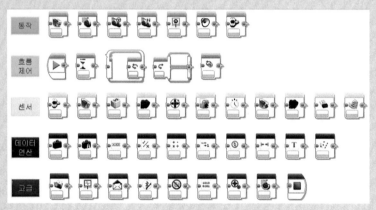

〈프로그래밍 블록〉

19. 드론_나의 꿈 설계하기

2학기 말이 되면 어느 정도 교과 진도를 마무리하며 공부하는 분위기 또한 은근슬쩍 자취를 감춘다. 특히 겨울방학을 마치고 온 6학년은 이미 초등학생이 아닌 것처럼 행동하거나 생각하기 마련이었다. 이렇게 학습의욕이 떨어진 아이들을 즐겁게 이끌기 위해 1월 말에서 2월 중순까지의 학사 일정은 교사의 관심이나 기획력에 따라 여러 교과들로 재구성된다. 그렇지 않으면 2월의 교실은 그저 영화 관람 등 시간을 때우기 위한 장소가 되기 때문이다. 아이들도 처음에는 영화나 애니메이션을 보는 것을 즐기지만, 나중에는 그것에 집중하여 보는 학생들을 찾기 어렵다. 또한 교육적 효과가 미비하기에 대부분 무의미한 시간으로 지나가 버린다. 그래서 이 교사의 학교에서는 2월 초에 한 주간 전 학년에서 진로를 탐색하는 주간을 설정하고, 학년별 소운동회를 계획하였다. 원래 학사 일정이 끝나는 2월쯤에는 별다른 행사나 계획이 없지만, 교육과정의 파행화를 막기 위해 이런 주간을 설정한 것이다.

거울방학 개학을 하고 2주째 되는 날은 각자의 꿈과 진로를 탐색하는 주간이었다. 이 교사는 2학기 초에 조사한 꿈이나 직업을 바탕으로 좀 더 구체적으로 자신의 꿈을 달성하기 위한 계획을 설계하고 발표하는 활동을 하기로 하였다. 이때 이 교사가 신경 써서 지도한 점은 보다 실제적이고 구체적으로 직업을 선정하는 것이었다. 예를 들어 자신의 미래 직업을 교사라고 한다면 초등교사인지 중등교사인지, 중등교사인 경우 과목이 다양한데 어떤 과목을 가르치고 싶은지 등을 정하도록 하였다. 의사가 꿈이라고 대답한 학생들도 단순히 의사가 아니라 외과, 내과 등 어느 과의 의사가 되고 싶느냐 등을 정하도록 했다. 이렇게 구체적인 직업을 자신이 택하기 위해서는 사전에 그 직업에 대해 깊은 조사를 해야 했다.

이 교사네 반에서는 선택된 직업들이 다양하게 나왔지만, 코딩과 관련된 직업을 선호하는 학생도 여전히 많이 나왔다. 그중에서도 수빈이가 유독 코딩작업에 관심과 열의를 보였다. 사실 수빈이는 학년 초에 소위 말하는 문제 학생에 가까웠다. 수업시간에는 집중을 못 하고 엎드려 있거나 창밖을 보며 딴생각에 빠진 모습을 보였다. 그리고 집이나 학원 등에서도 스마트폰 게임에만 빠져 있었으며 수빈이 부모님과도 밤늦게 게임하는 문제로 여러 번 상담을 한 적이 있다. 그뿐만 아니라 스마트폰 중독 검사를 했을 때 스마트폰에 대한 의존도가 높아 추가로 외부 기관에서 검사를 하고 상담 치료를 받은 적도 있었다. 비록 학습적인 측면에서는 조금 아쉬움이 들고 스마트폰 중독 증세가 있는 아이였지만 자신이 관심을 가진 주제가 제시되면 빠르게 집중해서 기발한 결과물을 제출했다. 그러나 대부분의 일반 수업 주제에 별 흥미를 느끼지 못했고, 이 교사는 이런 수빈이 지도에 어려움을 느끼고 있었다. 당연히 친구들과의 대인관계도 원만한 편이 아니었다. 아이들과 어울리는데 소극적이었고 친한 친구도 몇 명 되지 않아 쉬는 시간 혼자 손장난만 하는 모습을 자주 보였다. 당연히 수행평가나 단원평가에서의 성적도 좋지 않았다. 이렇게 점점 수빈이는 수업시간이나 쉬는 시간에 외톨이처럼 떨어져 나오는 모습을 자주 보였다.

하지만 유독 수빈이가 관심을 보이고 열심히 참여하는 과목이 있었는데 그건 소프트웨어(SW) 코딩 수업이었다. 수빈이는 학년 초 언플러그드 활동부터 즐겁게 참여했다. 특히 이렇게 미션을 주고 해결하는 활동을 할 때는 무척 집중하며 해결해 나갔고 의욕적인 모습을 보였다. 그렇게 열심히 참여한 뒤 여름방학 선택 과제에서 수빈이 능력의 진가가 발휘되었다. 여름방학 과제는 '자신만의 프로그램을 만들어 제출하기'였는데 EPL을 도입할 때부터 수빈이는 이미 자신만의 프로그램을 구상하고 있었다. 아마 여름방학 내내 엔트리를 만지며 놀았을 수도 있다.

이때 수빈이의 작품은 이 교사도 아직 몰랐던 기능을 이용하여 만든 훌륭한 작품이었다. 초등학생 수준으로는 이해하거나 활용하기 힘든 함수 내용까지 이용하여 작품을 만들어 제출했다. 수빈이의 작품은 레이싱 게임이었는데 방향키로 작품을 움직이면서 장애물을 피하는 게임이었다. 이 게임은 이 교사가 보기에도 얼기설기 만든 다른 학생들의 작품과는 달리 완성도가 높았다. 그저 레이싱 게임을 하는 것이 아니라 게임을 시작할 때 간단한 스토리 라인도 짜서 게임을 할 수 있도록 만들었다. 이 게임은 개학 전부터 엔트리 학급 홈페이지에서 인기 많은 게임이 되었다. 남학생, 여학생 가리지 않고 재미있게 잘 만들었다며 칭찬 댓글을 달아 주었다. 이 사건 이후로 수빈이에게 조금씩 변화가 생겼다. 자신이 만든 작품을 다른 친구들이 좋아해주고 댓글을 달아주는 것을 보면서 뭔가 오랜만에 뿌듯한 감정을 느꼈을 것이다. 그리고 반 친구들도 수빈이를 조금은 다르게 보기 시작하였다.

2학기에 여러 변수에 대한 설명을 하며 엔트리 작품을 만들 때였다. 그 수업 때는 이 교사도 조금은 욕심이 나서 어렵고 복잡한 미션을 준비했다. 대부분의 아이들이 어려움을 겪고 포기하거나 쉽게 변형하여 과제를 제출하곤 했다. 하지만 수빈이는 끝까지 미션을 해결하고 마지막 제출을 할 때는 추가 기능을 넣어 더 보충한 작품으로 제출했다. 이 제출된 작품을 보고 수빈이의 실력에 확신을 가진 이 교사는 수빈이에게 부탁하여 그 시간 동안 또래교사가 되어 아이들에게 도움을 주는 역할을 주기도 하였다.

소프트웨어(SW) 교육 주간 때도 마찬가지였다. Code.org 사이트에 접속하여 반에서 가장 빠르게 미션을 해결하고, 자신의 작품을 만드는 미션을 우수하게 설계하고 수행하여 강 교사를 놀라게도 하였다.

이렇게 소프트웨어(SW)에 관심을 보인 수빈이가 자신의 꿈을 프로그래머로 정한 것은 어찌 보면 당연한 것이었다. 1년간 거의 질문을 하지 않던 수빈이가 쉬는 시간에 살며시 이 교사에게 찾아왔다.

수빈: 선생님, 저 내일 자신의 꿈 발표할 때요. 노트북이랑 드론 가져와도 돼요?

이 교사: 응 그래, 별 무리가 없긴 하지만 노트북이랑 드론은 왜 필요할까?

수빈: 내일 발표할 때 필요한 도구라서요. 쉬는 시간에 가지

고 놀거나 그러지는 않을게요.

이 교사: 그래 알았다. 준비 잘하고 내일 발표 기대할게.

수빈: 감사합니다!

그렇게 수빈이는 인사를 하고 자기 자리에 가서 뭔가를 열심히 적고 있었다. 발표 당일 반 학생들이 각자의 방식대로 발표 준비를 해왔다. 의사가 꿈인 친구는 의사 가운을 입고 과학실에서 인체모형까지 빌려와 발표하였다. 패션 디자이너가 꿈인 친구는 PPT에 자신이 여태까지 디자인한 스케치를 사진을 찍어 소개하였다. 이 과정으로 학생들은 미래의 직업에 대해 구체적으로 생각하고 고민하는 시간이 되었다.

수빈이 차례가 되었다. 수빈이는 자신의 노트북과 드론을 가지고 나왔다. 드론을 가지고 나올 때부터 몇몇 아이들은 신기해하며 어떤 발표를 할지 궁금해하기 시작했다.

수빈: 제가 꿈꾸는 직업은 여러 가지가 있습니다. 아직은 어떤 직업을 선택할지 몰라 몇 가지를 준비했습니다. 첫 번째 직업은 프로그래머입니다. 이 꿈을 갖게 된 계기는 여름방학 숙제로 엔트리로 게임을 만들기 시작하면서부터입니다. 저는 원래 게임을 많이 한다고 부모님께 많은 꾸중을 듣고 선생님께도 지적을 받았습니다. 하지만 요즘에는 게임을 하기보다는 엔트리로 게임을 만드는 것이 더 재미있습니다. 게임을 만드는 실력을 더 키워 온라인 게임도 직접 만들고 휴대폰용 게임도 만들어 앱스토어에 저의 게임을 올리고 싶습니다. 두 번째로 제가 하고 싶은 직업은 드론 기술자입니다. 드론

은 엔트리를 공부하다가 알게 된 장난감입니다. 제가 들고 있는 드론이 다른 드론과 다른 점은 드론 조종을 조종기로 하는 것이 아니라 컴퓨터로 코딩하여 조종을 할 수 있다는 것입니다. 마치 게임을 하듯 드론을 방향키로 조절할 수 있고 정해진 버튼을 누르면 특정 위치에 도달하게도 할 수 있습니다. 저는 이런 기술을 이용하여 드론 택배 전문가나 드론 택시, 드론 자동차를 프로그래밍 하고 싶습니다. 이상입니다.

각자의 꿈에 대한 발표가 끝나자 단연 수빈이의 직업에 대해 많은 관심이 쏠렸다. 아이들은 얼른 드론을 조종해보길 기대하는 눈치였다. 수빈이의 드론은 발표할 때 말한 것처럼 엔트리로 코딩하여 움직일 수 있는 드론이었다. 일명 '코딩 드론'이라고 하였는데 학생들이 익숙한 엔트리에서 코딩을 하고 코딩 결과를 즉각적으로 활용할 수 있어서 교육적으로 좋은 교구처럼 보였다. 아니나 다를까 어느새 지나가던 4반의 강 교사도 수빈이가 코딩하고 드론을 비행하는 모습을 신기하게 지켜보고 있었다.

강 교사: 선생님, 저 아이는 제법 코딩을 잘하는데요? 저도 아직 드론을 코딩해보지는 않았는데.

이 교사: 신기하죠, 선생님? 저도 드론, 드론 이야기는 많이 들었는데 실제로 이렇게 날리는 것을 보니까 더 신기하네요. 그리고 저 드론 코딩하는 것도 아이가 스스로 독학으로 배워서 하고 있어요.

강 교사: 저도 한 번 배워야겠네요. 내년에는 드론으로 코딩 교

육을 할 수도 있을 것 같네요.

이 교사: 드론을 이용한 코딩 교육이라… 벌써 말만 들어도 아이들이 흥미로워하겠는데요? 저희 아들도 드론 드론 하면서 사 달라 하던데.

강 교사: 남자 아이들이라면 거의 다 이렇게 모터 달린 장난감들은 좋아할걸요? 고민하시던 아드님 선물로 드론 추천합니다!

이 교사는 퇴근 후 남편 유 교사와 아들의 졸업 선물에 대해 이야기했다. 일반드론을 사 주는 것은 위험하다고 생각했고, 그렇다고 단순히 장난감만을 사주기에는 맘에 걸렸는데 코딩 교육을 같이할 수 있는 드론이면 충분히 쓸모가 있다는 생각이 들었다. 아들의 선물인데 괜히 이 교사와 남편 유 교사가 더욱 설레하고 있었다.

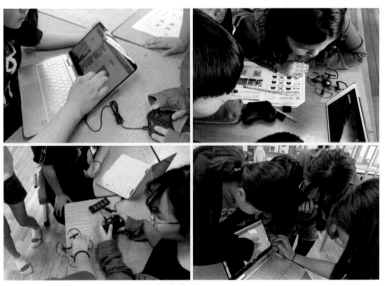

〈드론을 활용한 코딩 교육 활동 모습〉

코딩 드론

□ 드론의 구조

드론	배터리
조종기	USB 케이블
배터리 충전기	프로펠러 여분

□ 드론 기본 사양

크기	133mm×133mm	충전시간	40분
높이	29mm	비행거리	최대 100m

무게	35g(배터리 포함)	조종모드	모드 1/2/3/4
비행시간	5~8분	통신방식	2.4㎓
배터리	300mAh 3.7V	내장센서	IR센서, 기압센서, 옵티컬로우 센서, 6축 자세 센서

□ 드론의 비행 원리

일반적으로 4개의 프로펠러가 달린 드론을 '쿼드콥터'라고 부릅니다. 4개를 의미하는 '쿼드'+'헬리콥터'입니다. 헬리콥터는 커다란 프로펠러가 빠르게 회전해서 아래로 바람을 일으키면 양력에 의하여 헬리콥터가 위쪽으로 상승합니다. 드론의 경우 프로펠러들끼리 각각 반대방향으로 회전할 때 회전력이 서로 상쇄되며 기체가 안정감 있게 떠오를 수 있습니다.

(파란색 화살표는 약한 힘으로의 회전, 빨간색 화살표는 강한 힘으로의 회전을 의미)

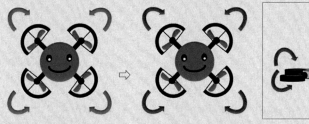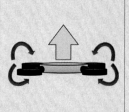

4개의 프로펠러가 회전하기 시작하면 각각의 프로펠러에서 양력이 발생하고, 프로펠러가 빠르게 회전하여 양력이 강해지고 양력이 중력보다 커지면 드론은 중력을 이기고 위로 상승하게 됩니다.

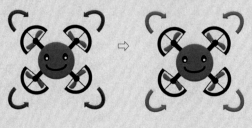 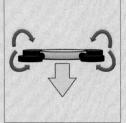

프로펠러가 느리게 회전하여 양력이 약해지고 양력이 중력보다 작아지면 드론은 중력을 따라 아래로 하강하게 됩니다.

- 프로펠러가 적당한 속도로 회전하면 양력이 중력과 같은 힘을 가지게 되어 드론은 고도를 유지(호버링)하고 떠 있게 됩니다. 드론이 상승하고 하강하는 원리는 프로펠러의 속도에 달려있습니다.

호버링[Hovering]: 항공기 등이 일정한 고도를 유지한 채 움직이지 않는 상태

앞쪽 2개의 프로펠러와 뒤쪽 2개의 프로펠러들의 속도에 차이를 두면 어떻게 될까요?

앞쪽 2개의 프로펠러는 느리게 회전시키고 뒤쪽 2개의 프로펠러는 빠르게 회전시켜 봅시다.

양력이 작아진 앞쪽은 아래로 내려가게 될 것이고, 양력이 강해진 뒤쪽은 위로 올라가게 될 것입니다. 그렇게 되면 드론의 자세는 앞쪽으로 기울어진 모습이 되고 양력을 뒤쪽으로 발생시키며 드론은 자연스럽게 앞쪽으로 나아가게 됩니다.

드론이 뒤로 이동하기 위해서는 프로펠러가 다음과 같이 회전하게 됩니다. 이와 같이 프로펠러가 회전하게 되면 뒤쪽은 아래로 내려가게 되고 드론의 앞쪽은 위로 상승하게 됩니다. 그렇게 되면 드론의 자세는 뒤로 기울어진 형태가 되고 양력을 앞쪽으로 발생시키게 되면서 드론은 그에 대한 반동으로 뒤로 이동하게 됩니다.

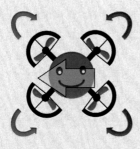

왼쪽의 드론은 왼쪽 프로펠러 2개가 느린 속도로 회전하고 오른쪽 프로펠러 2개가 빠른 속도로 회전 중입니다. 그렇다면 오른쪽 프로펠러들이 만들어내는 양력이 더 커지게 되므로 드론의 자세는 왼쪽으로 삐딱하게 된 모습이 됩니다. 앞/뒤 이동과 마찬가지로 양력이 미치는 힘이 오른쪽을 향하게 되므로 드론은 왼쪽으로 이동하게 됩니다.

오른쪽 드론은 정확히 반대되는 상황입니다. 왼쪽 프로펠러 2개는 회전속도가 빨라지고 동시에 양력도 크게 작용하는 반면, 오른쪽 프로펠러 2개는 회전 속도가 느려지며 양력이 작게 만들어지게 되어 드론의 자세는 오른쪽으로 삐딱하게 된 모습이 됩니다. 그러므로 양력이 미치는 힘이 왼쪽을 향하게 되고, 드론은 그에 대한 반동으로 오른쪽으로 이동하게 됩니다.

드론이 할 수 있는 움직임 중 가장 마지막은 제자리에서 왼쪽/오른쪽으로 회전하며 움직입니다. 프로펠러의 회전 방향은 시계방향(CW)와 반시계방향(CCW)로 나뉘어 있는데, 같은 방향으로 회전하는 프로펠러는 서로 대각선상에 위치합니다. 시계방향(CW)으로 회전하는 프로펠러들의 속도가 빨라지게 되면, 드론은 그에 대한 반작용으로 반시계방향(CCW), 그러니까 왼쪽으로 회전하게 됩니다.

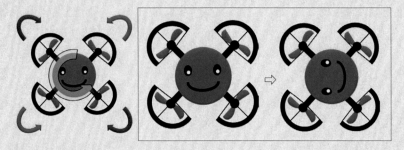

반대로 반시계방향(CCW)으로 회전하는 프로펠러들의 속도가 빨라지게 되면, 드론은 그에 대한 반작용으로 오른쪽으로 회전하게 됩니다.

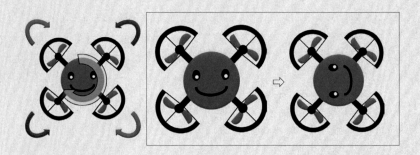

쿼드콥터의 기본적인 움직임은 이와 같이 8개로 구성됩니다. 이 8가지 움직임을 서로 조합하여 다양한 움직임을 만들어낼 수 있습니다.

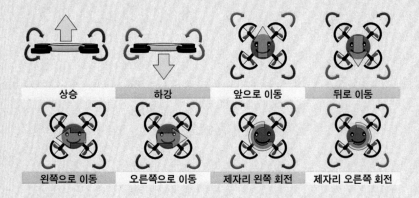

| 상승 | 하강 | 앞으로 이동 | 뒤로 이동 |
| 왼쪽으로 이동 | 오른쪽으로 이동 | 제자리 왼쪽 회전 | 제자리 오른쪽 회전 |

드론 운동방향	조작 방법
상승	드론 조종기 왼쪽 스틱을 위쪽 방향으로 민다.
하강	드론 조종기 왼쪽 스틱을 아래쪽 방향으로 민다.
앞으로 이동	드론 조종기 오른쪽 스틱을 위쪽 방향으로 민다.
뒤로 이동	드론 조종기 오른쪽 스틱을 아래쪽 방향으로 민다.

드론 운동방향	조작 방법
왼쪽으로 이동	드론 조종기 오른쪽 스틱을 왼쪽 방향으로 민다.
오른쪽으로 이동	드론 조종기 오른쪽 스틱을 오른쪽방향으로 민다.
제자리 왼쪽 회전	드론 조종기 왼쪽 스틱을 왼쪽 방향으로 민다.
제자리 오른쪽 회전	드론 조종기 왼쪽 스틱을 오른쪽 방향으로 민다.

8가지 움직임을 서로 조합하여 다양한 움직임을 만들어낼 수 있다.

상승하며 앞으로 이동

상승하여 뒤로 이동

왼쪽으로 회전하며 앞으로 이동

오른쪽으로 회전하여 앞으로 이동

상승하며 왼쪽으로 이동

상승하며 오른쪽으로 이동

하강하며 왼쪽으로 이동

하강하며 오른쪽으로 이동

1. 엔트리 사이트(https://playentry.org/)에 접속하여 [만들기]–[작품만들기]를 선택합니다.

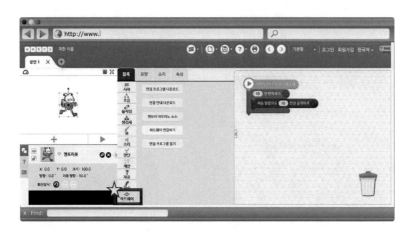

2. 작품 만들기 기본 화면에서 하드웨어 를 선택합니다.

3. [바이로봇 페트론 V2 드론]을 선택합니다.

※ 사용하는 드론의 종류에 따라 하드웨어 선택을 할 수 있습니다.

4. [드라이버 설치]와 [압축 풀기]버튼을 차례로 선택합니다.

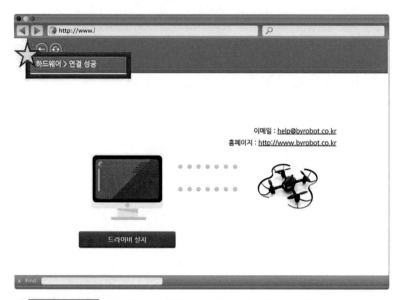

5. 하드웨어 > 연결 성공 이 뜨면 엔트리창으로 이동하여 코딩을 시작합니다.

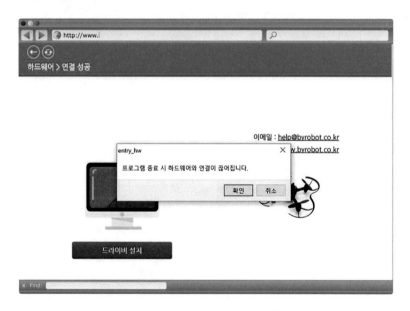

6. 연결화면을 종료할 경우 하드웨어와의 연결이 끊어지므로 창을 닫지 않습니다.

Throttle 조작하기

Throttle[쓰로틀] 드론의 상승과 하강을 뜻함.

드론 조종 값을 지정합니다. 입력 가능한 값의 범위는 -100~100입니다. 정지 상태에서 Throttle 값을 50 이상으로 지정하면 드론이 이륙합니다. 명령 전달 후 바로 다음 블럭으로 넘어갑니다.

드론 조종 값을 지정합니다. 입력 가능한 값의 범위는 -100~100입니다. 정지 상태에서 Throttle 값을 50 이상으로 지정하면 드론이 이륙합니다. 지정한 시간이 지나면 해당 조종 값을 0으로 변경합니다. 지정한 시간이 끝날 때까지 다음 블럭으로 넘어가지 않습니다.

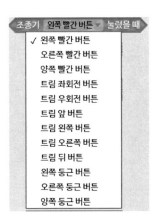

지정한 조종기의 버튼이 눌러졌을 때 true를 반환합니다.

Pitch 조작하기

Pitch[핏치] 드론의 앞뒤 이동을 뜻함.

드론 조종 값을 지정합니다. 입력 가능한 값의 범위는 -100~100입니다. 지정한 시간이 지나면 해당 조종 값을 0으로 변경합니다. 지정한 시간이 끝날 때까지 다음 블럭으로 넘어가지 않습니다.

드론 조종 값을 지정합니다. 입력 가능한 값의 범위는 -100~100입니다. 명령 전달 후 바로 다음 블럭으로 넘어갑니다.

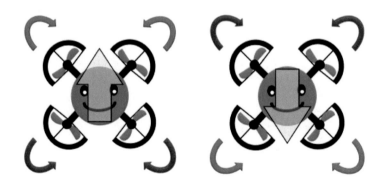

앞으로 이동(Pitch + %)	뒤로 이동(Pitch - %)

Roll 조작하기

Roll[롤] 드론의 좌우 수평이동을 뜻함.

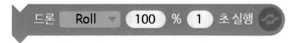

드론 조종 값을 지정합니다. 입력 가능한 값의 범위는 -100~100입니다. 지정한 시간이 지나면 해당 조종 값을 0으로 변경합니다. 지정한 시간이 끝날 때까지 다음 블록으로 넘어가지 않습니다.

드론 조종 값을 지정합니다. 입력 가능한 값의 범위는 -100~100입니다. 명령 전달 후 바로 다음 블록으로 넘어갑니다.

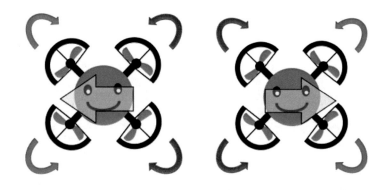

| 왼쪽으로 이동(Roll - %) | 오른쪽으로 이동(Roll + %) |

Yaw 조작하기

Yaw[요] 드론의 좌우 회전을 뜻함.

드론 조종 값을 지정합니다. 입력 가능한 값의 범위는 -100~100입니다. 정지 상태에서 Yaw 값을 50이상으로 지정하면 드론이 이륙합니다. 지정한 시간이 지나면 해당 조종 값을 0으로 변경합니다. 지정한 시간이 끝날 때까지 다음 블럭으로 넘어가지 않습니다.

드론 조종 값을 지정합니다. 입력 가능한 값의 범위는 -100~100입니다. 정지 상태에서 Yaw 값을 50이상으로 지정하면 드론이 이륙합니다. 명령 전달 후 바로 다음 블럭으로 넘어갑니다.

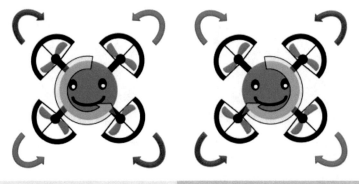

| 제자리 왼쪽 회전 | 제자리 오른쪽 회전 |

"학교 다닐 때가 제일 좋을 때야."라는 말의 의미를 아는 데 몇 년이나 걸렸을까. 이 교사는 매년 졸업하는 아이들을 볼 때마다 학창시절의 선생님께서 해주신 이 말이 떠올랐다. 교직에 근무하면서 학생들과 계속 같이 지내다 보니 그 말만큼 마음에 와 닿는 말도 잘 없었다. 어느새 2월 종업식과 졸업식이 코앞이었다. 아이들은 초등학교를 졸업한다는 섭섭함보다는 당장의 봄방학을 기대하고 신나 했다. 그리고 선생님들 또한 일 년의 마무리가 되는 시점에서 마음이 설레고 들떠 있었다. 학생들이 졸업해서 중학교를 가는 것처럼 몇몇 선생님들은 학교를 옮겨야 했다. 남아 있는 선생님들도 올해는 어떤 학년을 맡을지 어느 선생님과 동학년이 될지도 궁금했고 어떤 업무를 맡을지도 고민이었다.

이 교사의 학교는 오늘부터 3일간 단축수업 기간이 시작되었다. 단축기 동안 학생들은 급식을 먹고 하교하는 일정이었다. 아이들이 모두 하교한 후 6학년 선생님들은 중학교 진학 원서 및 생활기록부 점검으로 연구실에 모이기로 하였다. 6학년 담임들의 학년 말 생활기록부 점검은 다른 학년에 비해 시간이 몇 배나 더 걸린다. 졸업하는 학년인 만큼 1~5학년에 이르기까지 학교생활기록부를 점검하고 오타나 수정해야 하는 사항은 건별로 기안해야 하기 때문이다. 이 교사도 신규 교사 시절에 생활기록부를 잘못 입력하여 다음 해 6학년 선생님들을 고생시킨 적이 있다. 그 이후 이 교사는 생활기록부만큼은 철저하고 꼼꼼하게 확인하려고 노력하였다. 그래서 오늘은 6학년 선생님들이 다같이 모여 생활기록부 정정 대장 작성 요령 및 학년에서 통일해서 해야 할 내용을 전달하기로 하였다.

이 교사: 선생님들 먼저 생활기록부 점검하는 방식부터 말씀드리겠습니다. 올해 학생들 창의적 체험활동 활동별 시수 맞추어 주시고요. 그리고 1~5학년 때 기록부도 같이 점검하셔서 수정해야 할 부분이 있는지 확인해 주셔야 합니다. 그리고 수정해야 하는 부분은 정정대장을 작성해서 기안 올리시면 됩니다.

박 교사: 사실 잘은 모르겠지만 일단 해보겠습니다!

이 교사: 하다가 잘 안 되거나 모르는 부분은 언제든 와서 물어봐요. 그래야 같은 일 두 번 안 하죠. 나도 사실 신규 때 생활기록부 제대로 못 해서 다른 선생님들 엄청 고생시킨 적 있어요.

서 교사: 선생님께서요? 왠지 선생님은 처음부터 엄청 꼼꼼하시고 야무지게 하셨을 것 같은데.

이 교사: 아니에요. 선배들한테 매번 물어보러 다녔어요. 그러니

까 부담 없이 찾아와도 돼요.

강 교사: 그나저나 이제 생활기록부까지 마감하면 정말 졸업이
네요.

서 교사: 정말 저는 올해 정신없이 한해 보낸 것 같아요. 애들은
똑같은 애들인데 5학년 때랑 비교해 보니 올해는 일도
많고 탈도 많고 온도 차가 엄청 크네요.

이 교사: 그래도 올해 아이들이 착해서 별 탈 없이 마무리되어
서 다행이에요. 확실히 한 학년 올려보내는 게 아니라
중학교로 진급시킨다고 하니 좀 섭섭하긴 하네요.

박 교사: 학년만 올라가면 가다가 한 번씩 마주치고 인사하고
할 텐데 졸업을 한다니 그런 면이 있어요.

강 교사: 서 선생님은 학교도 옮기시니 더 섭섭한데요? 이번에
관외로 가시잖아요.

서 교사: 네. 출퇴근 거리가 너무 멀어서 좀 가까운 곳으로 가려
고요.

박 교사: 아. 관외 내신이 발표가 났군요? 저는 그것도 몰랐네
요. 우리 애들 졸업시키고 한번 모여요! 쫑파티 해야죠!

이 교사: 당연히 해야죠. 그나저나 박 선생님은 내년에 몇 학년
할지 생각해 봤어요?

박 교사: 저는 4학년이나 5학년 쓰려고요. 작년에 소프트웨어
(SW) 교육을 해 보았는데 올해는 조금 쉬운 내용으로
소프트웨어(SW) 교육을 해보고 싶어요.

강 교사: 아마 올해 6학년 한다고 고생했으니 선생님이 원하는
학년 주실 수도 있겠는데요? 이 선생님은 몇 학년 하실
지 생각해 보셨어요? 올해도 6학년 어떠세요?

이 교사: 네? 또 6학년 하라고요? 선생님 올해는 저도 좀 힐링하고 올라올게요.

강 교사: 6학년 한 번 더 하시죠? 올해 소프트웨어(SW) 교육 처음 하시는데 1반 아이들이 엄청 재미있어하던데요.

이 교사: 선생님. 물~론 저도 소프트웨어(SW) 교육을 하면서 재미있고 아이들도 좋아하니까 좋더라고요. 그래도 1년 더 하는 건 한 번 생각해 봐야겠어요. 사실 6학년 주무하면서 하니까 너무 정신없어서요.

강 교사: 혹시 그러면 6학년 주무하시지 않으면 하실 생각은 있으세요?

이 교사: 음… 당연히 안 한다고 생각하고 있어서 솔직히 생각을 안 해 봤네요. 그런데 주무업무 하지 않는다면 그냥 6학년 한 번 더 하는 것도 나쁘지는 않겠네요. 아무래도 교육과정을 새로 연구할 부담은 확실히 줄어드니까요.

강 교사: 선생님 올해도 같이 동학년 하면서 많이 배웠으면 좋겠네요.

이 교사: 그럼 올해 6학년 주무 겸 부장을 강 선생님께서 하신다면 진지하게 생각해볼게요.

강 교사: 아… 그런 방법이 있군요. 그럼 대신에 이 선생님이 많이 도와주세요.

이 교사: 어라? 이게 아닌데? 암튼 생각은 해볼게요. 저희는 희망서만 제출하지 거의 관리자분들이 결정해주시잖아요?

강 교사: 그래도 희망서가 중요하니까요. 벌써 시간이 두 시가 넘었네요. 얼른 가서 일을 해야 남지 않고 퇴근할 수 있겠어요.

이 교사:　　　네. 오늘도 얼마 안 남았네요. 고생하세요!

　반으로 돌아온 이 교사는 반 학생 1번부터 생활기록부를 찬찬히 훑어 나갔다. 생활기록부에는 학년별 담임 선생님의 성함부터 학생들의 1학년 때 사진도 같이 있었다. 아무것도 모르던 1학년 때 사진과 졸업을 앞둔 6학년의 사진을 비교해 보며 마음 한쪽에 '이 아이들이 점점 이렇게 커왔구나.'라는 대견함을 느꼈다. 다행히 생활기록부에 큰 정정사항은 없었다. 단순히 오타 정도만 수정하면 되어서 별 탈 없이 마무리되었다. 퇴근 전 교감 선생님께서 업무메일로 학년 및 업무 희망서를 보내왔다. 원활한 새 학년 준비를 위하여 종업식을 하고 희망서를 받았던 작년보다는 시기가 앞당겨졌다. 기한은 졸업식이 있는 이번 주 금요일까지였다. 아직은 생각할 시간이 조금 있기도 하고 고려해야 할 것들이 많은 탓인지 생각들이 정리되지 않았다. 오늘은 생활기록부만 어느 정도 마무리하고 퇴근하기로 하였다.

　졸업식 당일이 되었다.
　이제 지난 1년간 정든 아이들과 헤어질 시간이었다. 매년 마지막 날이 되면 이 교사는 함께하는 활동이 있다. 첫째 시간은 간단한 학교 차원에서의 종업식을 하고 남은 시간에는 책상을 동그랗게 배열해서 롤링페이퍼를 쓰는 활동을 한다. 롤링페이퍼를 쓸 때는 이 교사도 같이 남는 책상에 앉아 아이들에게 간단히 코멘트를 달아 주었다. 이렇게 한해가 마무리될 때 롤링페이퍼를 작성하게 되면 사이가 좋지 않았던 학생들도 서로에게 덕담을 건네는 모습을 볼 수 있었다. 롤링페이퍼에 쓰인 말들을 각자 읽어보았다. 이 교사의 종이에는 소프트웨어(SW) 수업으로 재미있는 한 해를 보낸 것 같다는 말도 있었고, 엔트리, 햄스터로봇을 가지고 논 2학기가 재미있었다는 말도 있었다. 그리고 수빈이는 소프트웨어(SW)와 관련된 꿈을 갖게 되었다는 제법 멋있는 말도 써주었다. 둘째 시간은 3월부터 있었던 사진을 교실 TV에 보여주었다. 아직 1년도 채 지나지 않았지만, 아이들은 그새 엄청 성장한 것처럼 보였다. 아이들은 자신의 옛날 모습에 부끄러워하기도 하고 추억도 되새겼다. 사진을 어느 정도 다 넘기자 졸업식 시작을 알리는 방송이 나왔다.

"잠시 후 11시부터 강당에서 졸업식이 진행될 예정입니다. 6학년 학생들과 담임 선생님들께서는 강당으로 와주시기 바랍니다."

11시까지는 20분여의 시간이 있었다. 이 교사는 마지막으로 어떤 말을 해줄까 고민을 하다가 천천히 입을 떼었다.

이 교사: 여러분, 이제 여러분은 6학년, 초등학교를 졸업하게 됩니다. 그리고 이제 초등학교라는 울타리를 영영 벗어나게 될 거예요. 그리고 더 나아가서는 학교라는 울타리를 벗어나 사회에 한 발 내딛겠죠? 어른이 되면 즐거운 일도 많을 거고 속상한 일도 분명 생길 거예요. 어쩌면 지금과 같은 학교라는 울타리를 그리워할 수도 있어요. 나중에 공부가 힘들거나 친구 관계가 어려울 때면 더 그럴 수도 있고요. 그래도 여러분 주위에 있는 가족들, 친한 친구들, 선생님들 생각하면 나름 버틸 만할 거예요. 선생님은 더 이상 여러분들 앞에 선생님으로 설 일은 없겠지만, 여러분이 어디 있든 행복하길 바랄게

요. 한 해 동안 더 잘해주고 싶었는데 많이 부족했던 거 같아 미안해요. 졸업하고도 기억나면 연락해요.

이 교사의 말 뒤에 몇몇 여자아이들은 훌쩍이는 아이도 있었고 언제 그런 이야기를 들었냐는 듯 여전히 친구들과 장난치는 아이들도 있었다. 마지막 기념촬영을 하고 졸업식장으로 향했다.

졸업식 날은 뭔가 마음이 씁쓸해진다. 괜히 학교에 남아있으면 그런 감정이 더 들고 올해는 유독 그런 감정이 더해져 퇴근을 서둘렀다. 1시간 남짓 자차로 퇴근하는 퇴근길은 2년이라는 시간에 익숙해져 있었다. 첫해에는 운전에 스트레스를 느끼고 피곤해 하며 집에 도착해서 쓰러져 자기 바빴다. 하지만 올해 말부터는 1시간의 여유 시간이 온전히 나에게 집중하는 시간이 되었다. 평소에 들을 시간을 내기 힘들었던 클래식도 듣게 되었고, 시부모님과 부모님 댁에 전화할 수 있는 시간도 되었다. 그리고 생각이 복잡하거나 고민거리가 있으면 사색에 잠겨 생각을 정리할 수도 있었다. 한적한 국도의 퇴근길로 접어들자 이 교사는 천천히 달리며 올해 아이들과 있었던 일들을 하나하나 되새기며 추억을 곱씹었다. 오랜만의 6학년이라 물론 힘들었지만 그만큼 어른스러운 아이들과 즐겁게 소통하는 시간도 많았다. 그리고 잘 모르는 분야에서 같이 배워 나가는 즐거움도 있었고 아이들의 배움에 감동을 받기도 하였다. '힘든 만큼 보람이 크다.'라는 말이 마음에 많이 와 닿는 한 해였다. 매년 하는 고민이지만 어떤 결정을 내릴지 이 교사 자신도 잘 모르는 시기였다. 생각이 정해지지 않자 이 교사는 얼른 집으로 가 가족들과 한 번 의논해 봐야겠다는 생각을 하며 차의 속력을 조금 올렸다.

학습지 답안

컴퓨터의 언어는 '0'과 '1' 두 개의 숫자로만 이루어져 있으며, 이렇게 '0'과 '1'만으로 이 세상의 모든 정보를 나타낼 수 있습니다.

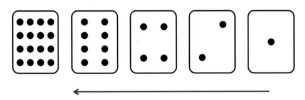

컴퓨터의 언어로 나타낼 때 자릿수는 오른쪽 끝에서부터 한 칸씩 이동할수록 두 배씩 커진다.

숫자를 표현할 때는 카드의 앞면(점이 보이는 부분)은 1로 나타내고 뒷면은 0으로 나타내면 됩니다.

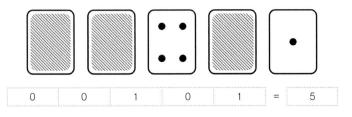

| 0 | 0 | 1 | 0 | 1 | = | 5 |

1) 컴퓨터의 수 10010은 숫자 몇을 나타내나요? (18)
2) 숫자 24를 컴퓨터의 수로 나타내면 얼마인가요? (11000)
3) 컴퓨터의 수를 이용하여 자기소개를 해 봅시다.

나는 | 0 | 0 | 1 | 1 | 0 | 학년 | 0 | 0 | 0 | 0 | 1 | 반 | 0 | 0 | 1 | 0 | 1 | 번입니다.

작년에는 | 0 | 0 | 1 | 0 | 1 | 학년 | 0 | 0 | 0 | 1 | 0 | 반이었습니다.

4) 발표를 듣고, 친구들이 작년에 몇 학년 몇 반이었는지 정보를 정리해 봅시다.

친구 이름	친구의 정보		정답
이 도 현	0 0 1 0 1 학년	0 0 1 0 0 반	5 학년 4 반

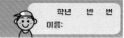
숫자가 아닌 문자도 컴퓨터의 숫자 표현방법으로 표현할 수 있을까요? 물론 가능합니다! 각각의 문자에 해당하는 숫자를 미리 약속해 놓는다면 말이지요. 다음과 같은 약속이 있을때, 문자를 표현하는 방법은 다음과 같습니다.

1	2	3	4	5	6	7	8	9	10	11	12	13	14
ㄱ	ㄴ	ㄷ	ㄹ	ㅁ	ㅂ	ㅅ	ㅇ	ㅈ	ㅊ	ㅋ	ㅌ	ㅍ	ㅎ

15	16	17	18	19	20	21	22	23	24
ㅏ	ㅑ	ㅓ	ㅕ	ㅗ	ㅛ	ㅜ	ㅠ	ㅡ	ㅣ

산 ⇨ ㅅ + ㅏ + ㄴ ⇨ 7 + 15 + 2 ⇨ 00111 01111 00010

1) 다음 퀴즈를 풀어보며 선생님에 대하여 알아봅시다.

퀴즈	정답
선생님은 오늘 00111 01111 00001 10011 01111 를 먹었습니다	(사과)
선생님은 01000 10010 01110 01111 11000 01000 을 좋아합니다	(여행)

2) 퀴즈를 빨리 풀 수 있는 전략에는 어떤 것이 있을지 생각해 봅시다.

전략 1	모든 숫자를 미리 이진수로 바꾸어둔다.
전략 2	숫자 카드를 그려두고 빠르게 암산한다.
전략 3	자주 쓰는 자음과 모음만 이진수로 바꾸어 둔다. 등

3) 문자표와 전략을 바탕으로 나에 대한 퀴즈를 만들고 짝꿍에게 소개해 봅시다.

퀴즈	정답
나의 보물 1호는 작년 생일 선물로 받은	(스마트 폰)

'픽셀 아트'에 대해 들어본 적 있나요? '픽셀'이란 컴퓨터의 화면을 구성하는 가장 작은 단위로 하나의 점을 나타냅니다. 컴퓨터 화면이 아주 작은 칸으로 이루어진 모눈종이라면 모눈종이의 작은 한 칸이 '픽셀'이고, 모눈을 한 칸씩 채워 그림으로 표현한 것이 '픽셀 아트'입니다.

다음은 픽셀 아트를 숫자로 표현한 것입니다. 어떤 규칙이 있는지 찾아봅시다.

그림	숫자
	1 2 3 2 1
	0 4 1 4
	0 9
	0 9
	1 7 1
	2 5 2
	3 3 3
	4 1 4

규칙 1	그림을 숫자로 나타낼 때는 (한)줄씩 표현한다.	
규칙 2	제일 앞에 오는 숫자는 (흰색 픽셀)의 수이다.	
규칙 3	(흰)색 픽셀과 (검은)색 픽셀의 수를 순서대로 번갈아가며 쓴다.	

다음은 픽셀 아트를 숫자로 표현한 것입니다. 어떤 규칙이 있는지 찾아봅시다.

1) 다음 픽셀 아트를 숫자로 표현해 봅시다.

	2 5 2
	1 1 5 1 1
	0 1 2 3 2 1
	0 1 1 1 3 1 1 1
	0 1 1 1 1 1 1 1 1 1
	0 1 2 1 2 1 1 1
	1 1 3 1 2 1
	2 3 2 1 1

2) 주어진 숫자를 픽셀 아트로 표현하면 무엇이 나오는지 알아봅시다.

	3 3 3
	2 5 2
	3 3 3
	4 1 4
	0 9
	2 5 2
	2 5 2
	4 1 4

정답 : <u>허</u> <u>수</u> <u>아</u> <u>비</u>

픽셀 아트로 컬러 그림을 그리려면 어떤 규칙을 추가해야 할까요? 다음 색상표를 이용하여
새로운 규칙을 추가해 봅시다.

색깔	검정	빨강	주황	노랑	초록	파랑
번호	0	1	2	3	4	5

규칙 4	픽셀의 색깔을 표현하고 싶을 때는 (픽셀의 개수를 나타내는 숫자 앞에 '색깔 번호_'를 쓴) 다.

1) 다음 픽셀 아트를 숫자로 표현해 봅시다.

1 1
3 1_2 1 1_2 3
3 1_5 3
4 1_1 3 1_1 1_4
5 1_5 3
3 1_2 1 1_2 3
1 4_2 2 4_1 2 4_2 1
1 4_3 1 4_1 1 4_3 1
2 4_2 1 4_1 1 4_2 2
3 4_5 3

2) 내가 좋아하는 것을 픽셀 아트로 그린 후, 숫자로 표현해 봅시다.

1 1
6 4_1 4
5 4_1 5
3 2_5 3
2 2_7 2
1 2_2 0_1 2_3 0_1 2_2 1
2 2_7 2
2 2_7 2
3 2_5 3
1 1

3) 짝꿍이 불러주는 숫자를 빈칸에 적은 후 친구가 좋아하는 것을 픽셀 아트로 그려봅시다.

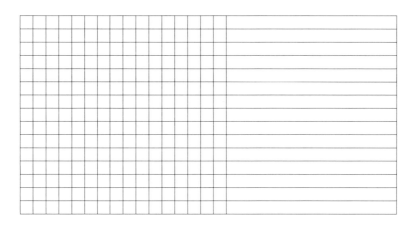

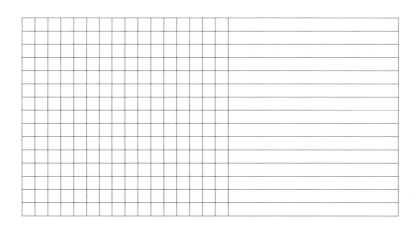

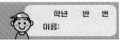

동요 '꼬부랑 할머니'를 알고 있나요? 다음 노래 가사를 따라 적어 봅시다.

꼬부랑 할머니가 꼬부랑 고갯길을	꼬부랑 할머니가 꼬부랑 고갯길을
꼬부랑 꼬부랑 넘어가고 있네	꼬부랑 꼬부랑 넘어가고 있네
꼬부랑 꼬부랑 꼬부랑 꼬부랑	꼬부랑 꼬부랑 꼬부랑 꼬부랑

불편한 점을 느꼈나요? 반복되는 단어가 많을수록 〈똑같은 글씨 쓰기〉라는 작업을 반복해야합니다. 컴퓨터는 이러한 과정을 단축하기 위해 '데이터 압축'을 실행합니다.

※ 데이터 압축: 데이터의 반복되는 부분이나 불필요한 부분을 제거하여 데이터의 양을 줄이는 것

1) 데이터 압축을 위해 반복되는 말을 찾아 ○표시해 봅시다.

꼬부랑 할머니가 꼬부랑 고갯길을

꼬부랑 꼬부랑 넘어가고 있네

꼬부랑 꼬부랑 꼬부랑 꼬부랑

반복되는 말은 무엇입니까?

(꼬부랑)

반복되는 말을 나타낼 수 있는 기호를 정해 봅시다.

(★)

2) 반복되는 낱말을 기호로 표시하여 가사를 다시 한 번 따라 적어 봅시다.

★ 할머니가 ★ 고갯길을

★ ★ 넘어가고 있네

★ ★ ★ ★

3) 컴퓨터가 데이터 압축을 하는 이유를 생각해 봅시다.
○ 압축하면 (반복)되는 부분을 계속 쓸 필요가 없어 빠르고 (효율)적이다.
○ 컴퓨터가 기억하는 데이터의 (길이)가 짧아져 필요한 (용량)이 줄어든다.

4) 데이터를 압축하는 다른 방법은 없을까요? 컴퓨터가 사용하는 언어가 무엇인지 생각하며 데이터를 압축하는 또 다른 방법을 찾아봅시다.

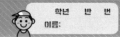
다음은 컴퓨터의 방식으로 텍스트를 압축하는 방법입니다.

꼬부랑 할머니가 꼬부랑 고갯길을 　　　 꼬부랑 할머니가 꼬부랑 고갯길을
　　　　　　　　　　　　　　　　　　　　1 2 3 4 5 6 7 　 (7 ,　)

① 글에서 두 번 이상 반복되는 문자 또는 단어를 찾는다.	② 반복되는 단어 사이의 거리(글자 수)를 센다.

꼬부랑 할머니가 꼬부랑 고갯길을 　　　 꼬부랑 할머니가 (7, 3) 고갯길을
1 2 3　　　　　(7 , 3)

③ 반복되는 문자의 양(글자 수)을 숫자로 적는다.	④ 반복되는 단어를 해당하는 글자의 위치와 수로 대체하여 표시한다.

1) 다음 문장에서 반복되는 부분을 압축하여 적어 봅시다.

가을 하늘 맑은 하늘	⇨	가을 하늘 맑은 (4, 2)
내가 좋아하는 치킨은 양념 치킨	⇨	내가 좋아하는 치킨은 양념(5, 2)
노란 병아리 귀여워 노란 오리 귀여워	⇨	노란 병아리 귀여워(8, 2) 오리(7, 2)

컴퓨터는 과연 실수를 하나도 하지 않을까요? 컴퓨터도 오류를 낼 수 있기 때문에 이러한 오류를 탐지할 수 있는 방법을 정해 두었답니다. 다음 문제를 풀며 컴퓨터의 오류 탐지 기술을 알아봅시다.

1) 다음과 같이 카드가 가로 5장, 세로 3장으로 정렬되어 있습니다. 컴퓨터가 오류를 탐지하기 위해 오른쪽과 같이 [   ] 안에 새로운 카드를 놓았습니다. 각 행과 열에서 카드 뒷면과 앞면의 수를 확인해 봅시다.

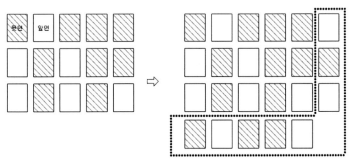

2) 컴퓨터는 어떤 규칙으로 새로운 카드를 내려놓았는지 적어 봅시다.

규칙	뒷면(또는 앞면)이 항상 짝수 개가 되도록 카드를 놓는다.

3) 위의 그림을 가린 채 다음 카드를 살펴보고 처음과 달라진 부분(오류)을 찾아 봅시다.

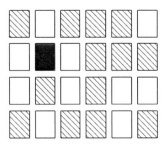

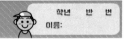
컴퓨터가 오류 탐지를 위해 새로운 카드를 놓는 규칙은 '한 줄에 카드의 뒷면이 언제나
(짝수 장)이 되도록 한다.'입니다. 규칙에 따라 카드의 수를 늘려가면서 뒤집힌 카드를 찾
아봅시다.

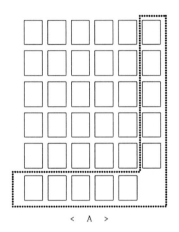

< A >

1) 오류탐지를 위한 규칙에 알맞게 〈 A 〉의
카드에 앞면과 뒷면을 표시해 봅시다.

(• 색칠한 곳이 뒷면)

2) 짝꿍과 학습지를 바꾸어 앞면으로 되어있는
2장의 카드를 골라 뒷면으로 바꾸어 색칠합
니다.

3) 자신의 학습지를 돌려받아 짝꿍이 새로 칠한
바뀐 카드를 찾아냅니다.

4) 오류 탐지를 위한 새로운 규칙 또는 방법이 있는지 생각해 봅시다.

새로운 규칙	모든 카드를 내려놓았을 때는 뒷면의 카드 수가 언제나 가로로도 짝수, 세로로도 짝수로 놓인다. 등

5) 양면 색종이로 카드를 만들어 '뒤집힌 카드 찾기 마술'을 직접 해 봅시다.

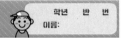
나의 출석번호는 어떻게 정해진 걸까요? 일반적으로 출석번호를 정할 때는 이름순으로 정렬합니다. 다음 8명의 학생들의 출석번호를 주어진 규칙에 따라 정해 봅시다.

※ 첫 번째 순서부터 정렬하는 것(123, 가나다 등)은 오름차순이라고 하고 뒷쪽에서부터 정렬하는 것(321, 다나가 등)은 내림차순이라고 합니다.

| 문희영 | 조진호 | 신성민 | 이정연 | 강진원 | 여은진 | 이수민 | 박은솔 |

1. 출석번호는 오름차순으로 정한다. (가나다순)
2. 앞에 있는 학생의 이름(문희영)을 기준으로부터 차례로 이름의 초성에 따라 왼쪽 또는 오른쪽으로 정렬한다.
3. 이름이 추가되면 기준(문희영)부터 비교하며 이름의 위치를 찾는다.

1) [문희영] 을 기준으로 [조진호] 의 이름은 (왼쪽/오른쪽)에 정렬해야 한다.

| 문희영 | 조진호 |

2) [신성민] 은 [문희영] 의 (왼쪽/오른쪽), [조진호] 의 (왼쪽/오른쪽)에 정렬한다.

| 문희영 | 신성민 | 조진호 |

3) [이정연] 은 [문희영] 의 (왼쪽/오른쪽), [신성민] 의 (왼쪽/오른쪽), [조진호]
의 (왼쪽/오른쪽)에 정렬한다.

| 문희영 | 신성민 | 이정연 | 조진호 |

※ 이처럼 정렬되지 않은 임의의 데이터를 이미 정렬된 부분의 적절한 위치에 삽입해 가며 정렬하는 방식을 삽입정렬이라 합니다.

위의 과정을 반복하여 8명 학생의 이름을 오름차순으로 정리하고 출석번호를 찾아봅시다.

| 1번 | 문희영 | 2번 | 문희영 | 3번 | 박은솔 | 4번 | 신성민 |
| 5번 | 여은진 | 6번 | 이수민 | 7번 | 이정연 | 8번 | 조진호 |

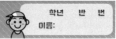

심화 **컴퓨터의 정렬 알고리즘**

남학생 8명이 키순으로 4명씩 모둠을 만들어 체육수업에 참여하려 합니다.

1) 키가 작은 사람부터 한 줄로 설 수 있는 방법을 예상하여 봅시다. (단, 거울이 없으므로 키를 비교하기 위해서는 직접 등을 맞대고 확인해야 한다.)

① 한 줄로 섰을 때 앞사람의 머리에 가려 앞이 안 보이면 앞으로 이동한다.

② 모든 사람이 한 번씩 등을 대고 키를 비교한다 등

2) 왼쪽에서부터 차례대로 키를 비교하여 더 큰 사람이 오른쪽으로 한 칸씩 이동해 봅시다.

비교① : 오른쪽 학생이 더 크므로 자리 이동 없음

비교② : 왼쪽 학생이 더 크므로 자리 이동

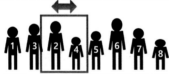

비교③ : 왼쪽 학생이 더 크므로 자리 이동

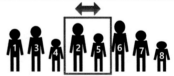

비교④ : 왼쪽 학생이 더 크므로 자리 이동

※ 이처럼 서로 이웃한 데이터들을 비교하며 큰 데이터를 뒤로 보내며 정렬하는 방법을 버블정렬이라고 합니다.

3) 학생들은 몇 번의 비교를 거쳐야 알맞게 줄을 설 수 있을까요?　　　　(　7　) 회
그림을 잘라 직접 비교해 보고 정렬이 완료될 때까지 비교 횟수를 기록해 봅시다.

학년 반 번
이름:

수많은 정보들 중 한 가지 정보를 찾기 위해서는 어떤 방법을 써야 좋을까요?
학생들은 〈보기〉의 카드 중 선생님이 고른 카드가 무엇인지 찾아내려 합니다. 보다 효과적
으로 카드를 찾는 방법은 무엇인지 생각해 봅시다.

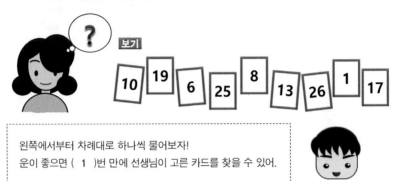

보기

10 19 6 25 8 13 26 1 17

왼쪽에서부터 차례대로 하나씩 물어보자!
운이 좋으면 (1)번 만에 선생님이 고른 카드를 찾을 수 있어.

※ 이처럼 주어진 정보의 처음부터 순차적으로 원하는 정보인지 확인하는 것을 <u>선형탐색</u>이라고 합니다.

만약에 운이 나빠서 마지막 카드가 선생님이 고른 카드였다면?
운에 맡기는 것 말고 다른 효과적인 방법이 없을까?
일단 카드를 숫자의 순서대로 정렬해보자.

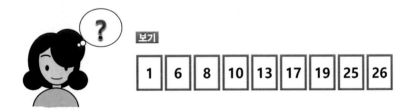

보기

| 1 | 6 | 8 | 10 | 13 | 17 | 19 | 25 | 26 |

1) 숫자의 크기순으로 정렬한 카드 중에서 가장 적은 수의 질문으로 선생님이 고른 카드를
   찾기 위해서는 어떤 질문을 하면 좋을지 생각해 봅시다. 선생님의 답변을 예상하여 질문
   을 만들어 봅시다.

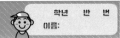
업 다운 게임을 알고 있나요? 문제를 내는 사람이 한 가지 숫자를 떠올리면, 문제를 푸는 사람이 숫자를 추측해서 말합니다. 문제를 내는 사람은 정답이 그 숫자보다 크거나 같은지 "네", "아니오"로 힌트를 줍니다.

컴퓨터가 정보를 찾는 방법도 이와 비슷합니다. 컴퓨터는 여러 가지 정보를 순차적으로 정렬시킨 후, 찾으려는 정보가 가운데 값보다 크거나 같은지 확인합니다.

한 번의 질문으로 찾으려는 정보의 범위가 절반으로 줄어듭니다. 이 과정을 반복하면 가장 적은 질문으로 효율적이게 정보를 찾을 수 있습니다.

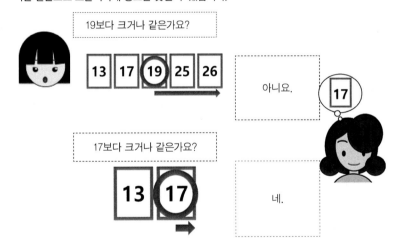

※ 이처럼 대상 데이터 중에 관계없는 1/2을 제외하면서 원하는 정보를 찾는 방법을 이진탐색이라고 합니다.

1) 앞에서 생각한 질문과 일치하는지 확인해 봅시다.
2) 1부터 30까지의 숫자 카드 중 한 장을 골라 짝꿍과 함께 이진탐색을 실행해 봅시다.

기초 생활 속 알고리즘

생활 속에서 여러분이 하는 일은 모두 판단과 선택이 반복되어 이루어집니다. 우리는 의식하고 있지 못해도 아주 작은 부분도 세심하게 관찰하고 판단합니다. 라면을 처음 보는 사람에게 라면 끓이는 방법을 설명한다고 가정해 봅시다. 설명은 아주 구체적이고 단계별로 이루어져야겠지요? 최대한 자세하게 라면 끓이는 법을 설명해 봅시다.

① 냄비에 물 500㎖를 넣는다.

② 냄비를 가스레인지에 올린다.

③ 가스레인지의 불을 켜고 물이 끓을 때까지 기다린다.

④ 물이 끓어오르면 면과 스프를 넣는다.

⑤ 잘 저어 주면서 3분간 끓인다.

⑥ 라면이 다 익으면 불을 끈다.

⑦ 라면을 맛있게 먹는다.

1) 친구들이 쓴 내용과 비교한 후 빠뜨린 부분이 있다면 내용을 추가해 봅시다.

2) 〈A〉에 집을 그린 후, 친구가 똑같이 따라 그릴 수 있도록 차근차근 설명해 봅시다.

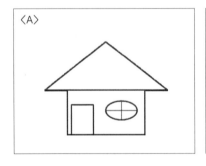

〈A〉

〈B〉

〈설명 예시〉
집 전체의 높이는 네모 칸의 반보다 조금 더 높고, 지붕은 삼각형이야.
집의 왼쪽 아래에 현관문이 있고 그 옆에 창문이 있는데 창문은 동그란 모양이야.
동그란 창문은 4칸으로 나뉘어 있어. 등

3) 친구가 불러주는 설명을 듣고 〈B〉에 친구의 집을 그려 봅시다.

4) 똑같은 모양의 집이 그려졌나요? 그렇지 않다면 이유가 무엇일지 생각해 봅시다.

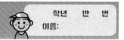
퍼즐 '하노이의 탑'은 한 기둥에서 다른 기둥으로 고리를 모두 옮겨만 하는 놀이입니다. 이 때 중요한 것은 작은 고리 위에 큰 고리를 놓을 수 없으며, 고리는 반드시 한 개씩만 옮겨야 한다는 점이지요.

1) 다음 그림을 보여 하노이의 탑을 옮기는 방법을 문장으로 적어 봅시다.

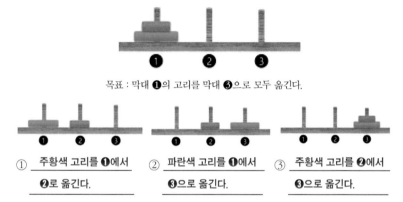

목표 : 막대 ❶의 고리를 막대 ❸으로 모두 옮긴다.

① 주황색 고리를 ❶에서 ❷로 옮긴다.

② 파란색 고리를 ❶에서 ❸으로 옮긴다.

③ 주황색 고리를 ❷에서 ❸으로 옮긴다.

2) 위의 문장을 단어와 기호의 조합으로 간결하게 표현해 봅시다.

① 주황 ❶ → ❷	② 파랑 ❷ → ❸	③ 주황 ❷ → ❸

※ 이처럼 어떤 정보에서 중요한 특징을 찾아낸 후 간단하게 표현하는 것은 추상화라고 합니다.

3) 오늘 아침 교실에 들어와서부터 아침 활동이 시작되기까지 나의 행동을 추상화하여 순서대로 정리해 봅시다. (나의 행동에 따라 빈칸으로 두거나 칸을 추가할 수 있습니다.)

인사	⇨	휴대폰 제출	⇨	칠판 확인	⇨
교과서 정리	⇨	아침 활동 시작	⇨		

우리 모둠에서 나의 역할은 무엇인가요? 이끔이, 기록이, 나눔이, 지킴이 4가지 역할의 중요한 점을 떠올리며 나에게 어울리는 역할을 찾아 봅시다.

1) 무엇을 잘하는 친구가 각 역할을 잘 수행할 수 있을지 생각해 봅시다.

이끔이	과제, 대화, 토의, 토론 등의 활동을 이끈다. ▶ 예) 목소리가 크고 자신감 있는 친구
기록이	활동 내용을 기록하고 학습 결과를 정리한다. ▶ 내용 정리와 요약을 잘하고 글씨를 바르게 쓰는 친구
나눔이	준비물이나 자료를 나누고 학습 자료나 결과물을 모은다. ▶ 필요한 준비물이 무엇인지 알고 잘 챙기는 친구
지킴이	규칙을 지키고 시간을 체크하며 공부하는 분위기를 만든다. ▶ 수업시간에 집중을 잘하고 시간을 잘 지키는 친구

2) 자신이 잘하는 것을 따라가면 알맞은 역할이 나올 수 있도록 ◇에 알맞은 조건을 넣어봅시다.

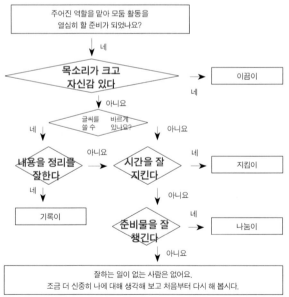

반복 알고리즘

어버이날 카네이션 접기 활동을 위한 순서도를 만들려고 합니다. 카네이션을 만들기 위해 꽃잎이 12장 필요할 때, 가장 간단하게 순서도를 그리기 위해 필요한 조건은 무엇일까요? 다음 빈 공간에 적절한 형태의 명령어와 화살표를 넣어 차트를 완성해 봅시다.

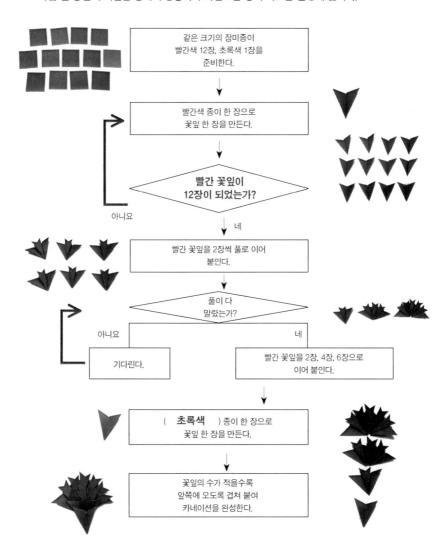

같은 크기의 장미종이
빨간색 12장, 초록색 1장을
준비한다.

빨간색 종이 한 장으로
꽃잎 한 장을 만든다.

빨간 꽃잎이
12장이 되었는가?

아니요

네

빨간 꽃잎을 2장씩 풀로 이어
붙인다.

풀이 다
말랐는가?

아니요

네

기다린다.

빨간 꽃잎을 2장, 4장, 6장으로
이어 붙인다.

(**초록색**) 종이 한 장으로
꽃잎 한 장을 만든다.

꽃잎의 수가 적을수록
앞쪽에 오도록 겹쳐 붙여
카네이션을 완성한다.

1. 우리 모둠에서 만들기로 결정한 요리와 필요한 재료를 정리해 봅시다.

요리 이름	재료
참치김밥	참치 통조림 1캔, 밥 3공기, 맛살 3줄, 데친 시금치 2줌, 단무지 3줄, 깻잎 6장, 마요네즈 3큰술

2. 요리를 만드는 과정을 순서도로 정리해 봅시다.

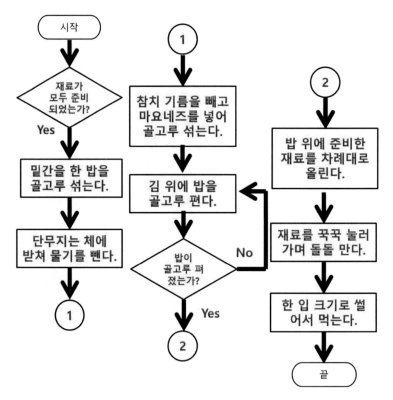

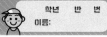
지도에 수학여행 경로를 표시한 후, 방향과 거리를 이용하여 짝꿍에게 설명하여 봅시다.

첫째날	창원-대전과학관(약 200㎞)-서울경복궁(약160㎞)-용인숙소(약 50㎞)
둘째날	숙소-용인놀이공원-공주숙소(약100㎞)
셋째날	숙소-전주한옥마을(약 90㎞)-창원(약 210㎞)

〈 학생 설명 예시 〉

첫째날	창원에서 출발해서 북서쪽으로 약 200㎞를 가면 대전에 도착해. 그곳에서 대전 과학관을 방문하게 될 거야. 그다음, 대전에서부터 북쪽으로 약 160㎞ 가면 서울이 나오는데, 완전한 북쪽은 아니고 살짝 서쪽으로 기울어졌어. 서울에서 경복궁을 관람한 다음 용인에 있는 숙소로 이동할 거야. 서울에서 용인으로 가려면 남동쪽으로 약 50㎞ 이동해야 돼.
둘째날	둘째 날에는 용인에 있는 놀이공원에서 종일 놀고 저녁에 공주에 있는 숙소로 이동해. 공주는 용인에서 남서쪽으로 약 100㎞ 가면 있어.
셋째날	마지막 날은 공주에서 남쪽으로 약 90㎞ 가면 나오는 전주에 가서 한옥마을을 체험할 거야. 그 뒤에 남동쪽으로 약 210㎞를 달려서 창원으로 돌아오면 수학여행이 끝나.

짝꿍이 불러주는 경로를 지도에 표시한 후, 햄스터로봇을 이용하여 이동할 수 있도록 코딩해 봅시다. (첫째날-빨간색, 둘째날-파란색, 셋째날-노란색)

※ 햄스터로봇이 움직이게 될 지도의 축적은 약 1:5,140,000(1cm가 약 10km)입니다.

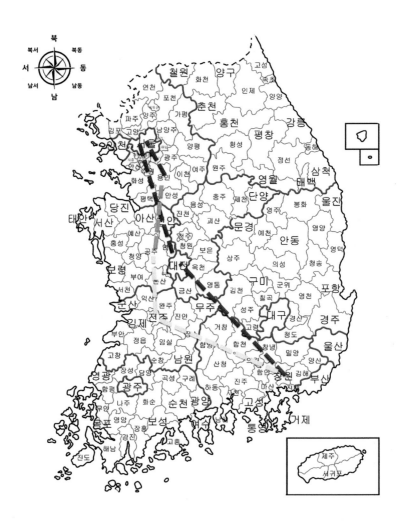